Pflege PRAXIS

Jutta König

Das Begutachtungs-instrument (BI)

Feststellung der Pflegebedürftigkeit durch den MDK: gezielt vorbereiten – souverän meistern

3., aktualisierte Auflage

Mit Bezügen zu den Qualitäts-indikatoren

schlütersche

Jutta König ist Altenpflegerin, Pflegedienst- und Heimleitung, Wirtschaftsdiplombetriebswirtin Gesundheit (VWA), Sachverständige bei verschiedenen Sozialgerichten im Bundesgebiet sowie beim Landessozialgericht in Mainz, Unternehmensberaterin, Dozentin in den Bereichen SGB XI, SGB V, Heimgesetz und Betreuungsrecht. Tätig im gesamten Bundesgebiet für Auftraggeber der privaten Trägerschaft, Trägerschaften der Kirche, der Wohlfahrtsverbände und öffentliche Trägerschaften.

»Ich weiß nicht, ob es besser wird,
wenn es anders wird.
Aber es muss anders werden,
wenn es besser werden soll.«

GEORG CHRISTOPH LICHTENBERG

Bibliografische Information der Deutschen Nationalbibliothek
Die Deutsche Nationalbibliothek verzeichnet diese Publikation in der Deutschen Nationalbibliografie; detaillierte bibliografische Daten sind im Internet über http://dnb.de abrufbar.

ISBN 978-3-8426-0863-4 (Print)
ISBN 978-3-8426-9112-4 (PDF)
ISBN 978-3-8426-9113-1 (EPUB)

Lektorat: Claudia Flöer, Text & Konzept Flöer
Covermotiv: tunedin – Fotolia.com
Covergestaltung und Reihenlayout: Lichten, Hamburg
Satz: Sandra Knauer Satz · Layout · Service, Garbsen
Druck und Bindung: Salzland Druck GmbH & Co. KG, Staßfurt

Inhalt

Vorwort

Alle sprechen vom NBA, dem **n**euen **B**egutachtungs**a**ssessment. Doch in den Begutachtungs-Richtlinien[1] (BRi) findet sich der Begriff »Begutachtungs-assessment« kein einziges Mal, stattdessen ist stets vom neuen **Begutachtungsinstrument** die Rede. Die Erklärung für diese Begriffsverwirrung liefert der MDS: *»... mit dem Gesetz werden zum 1. Januar 2017 ein neuer Pflegebedürftigkeitsbegriff und damit auch ein neues Begutachtungsinstrument – das Neue Begutachtungsassessment (NBA) – in der Pflegeversicherung eingeführt.«*[2] Heute sagen wir nicht mehr NBA oder NBI, sondern BI für Begutachtungs-instrument, denn neu ist es mittlerweile nicht mehr.

Info
Die Begutachtungs-Richtlinien sprechen konsequent vom »Begutachtungsinstrument«, abgekürzt BI. Und so halte ich das in diesem Buch auch.

Die Änderungen und die weitere Reform der Pflegeversicherung mit dem neuen Pflegebedürftigkeitsbegriff waren überfällig. Bereits 2008 von der damaligen Gesundheitsministerin Ulla Schmidt eingeleitet, hat Hermann Gröhe 2014 endlich finalisiert. Die PSG I, II und III (Pflege-Stärkungsgesetze) gehen auf ihn zurück. Sein Nachfolger Jens Spahn versprach für das Frühjahr 2021 eine grundlegende Reform, insbesondere der Finanzierung. Diese Gesetzesänderung wurde pandemiebedingt bis dato nicht umgesetzt (Stand: Mai 2021). Der neue Pflegebedürftigkeitsbegriff befasst sich mit dem Grad der Selbstständigkeit einer Person. Und somit folgt diese Haltung

1 Richtlinien zum Verfahren der Feststellung der Pflegebedürftigkeit sowie zur pflegefachlichen Konkretisierung der Inhalte des Begutachtungsinstruments nach dem Elften Buch des Sozialgesetzbuches (Begutachtungs-Richtlinien – BRi) vom 15. 05. 2016, geändert durch Beschluss vom 22. 03. 2021, https://www.mds-ev.de/themen-des-mds/pflegebeduerftigkeit-und-pflegebegutachtung/begutachtungs-richtlinien.html

2 Das neue Begutachtungsinstrument: Die Selbständigkeit als Maß der Pflegebedürftigkeit. https://www.mds-ev.de/themen-des-mds/pflegebeduerftigkeit-und-pflegebegutachtung/das-begutachtungsinstrument.html

– aus Sicht des Pflegebedürftigen – dem Strukturmodell und ging andererseits den neuen Qualitätsprüfungen voraus. Zumindest für die stationäre Altenhilfe gibt es zwischen dem neuen Pflegebedürftigkeitsbegriff und den neuen Qualitätsprüfungsrichtlinien einen klaren Zusammenhang über die Qualitätsindikatoren.

Die in diesem Buch zitierten gültigen Begutachtungsrichtlinien stammen aus Mai 2021 (Onlineversion). In der gedruckten Broschüre (lag bei Redaktionsschluss noch nicht vor) können die angegebenen Seitenzahlen abweichen.

Uelversheim, Juni 2021 Jutta König

1 Wesentliches aus dem PSG (Pflegestärkungsgesetz)

1.1 Wesentliche Neuerungen durch das PSG II im Überblick

Es änderten sich viele Paragrafen durch die Gesetzgebung ab 2016/2017, hier einige wesentliche Paragrafen im Überblick:

- § 7: Beratung, Beratungsanspruch, Beratungsgutscheine
- § 14 Begriff der Pflegebedürftigkeit: Künftig zählt nicht mehr der Hilfebedarf in Minuten, sondern der Grad der Abhängigkeit und Einschränkungen
- § 15: aus Pflegestufen werden Pflegegrade
- § 17: Einige Richtlinien müssen geändert werden als Wegebnung für die Umsetzung des Gesetzes, z. B. Begutachtungs-Richtlinien
- § 18: Verfahren zur Eingradung statt Verfahren zur Einstufung
- § 19: Begriff der Pflegeperson wird neu definiert, weil aus Pflegestufen nun Pflegegrade werden und diese nicht mehr an Einsatzzeiten gekoppelt wie bisher
- § 28: Die Leistung für den Pflegegrad 1 entspricht in etwa dem Leistungsanspruch der alten Pflegestufe »0« mit eingeschränkter Alltagskompetenz.
- § 40: Pflegehilfsmittel und Wohnumfeldverbesserung werden ab Pflegegrad 1 gezahlt
- § 41: Tages-/Nachtpflege erhält neue Entgelte
- § 42: Kurzzeitpflege muss im Entgelt neu verhandelt werden
- § 43: Die vollstationäre Pflege hat einen einheitlichen Anteil des pflegerelevanten Entgelts für alle Pflegebedürftigen Grad 2 bis 5

- § 43b: Neuer Paragraf als Ersatz für § 87b, der gestrichen wurde
- § 44: Soziale Sicherung der Pflegeperson beginnt bereits ab Pflegegrad 2
- § 45a: Unterstützung im Alltag, früher: niederschwellige Betreuungsangebote
- § 45b Entlastungsbeitrag: Entlastungsleistungen erhält man in jeder Versorgungsleistung in Höhe von 125 Euro als Entlastungsbetrag (vollstationär nur für Pflegegrad 1)
- § 53: Neuregelung für die Qualifikation von Betreuungskräften
- § 87b stationär: gestrichen
- § 92: Die Heimentgeltberechnung ist für 2017 auf den Kopf gestellt, gleicher pflegerelevanter Anteil innerhalb einer Einrichtung
- § 113: Qualitätsausschuss ist gebildet, Darstellung der Prüfergebnisse wird neu geregelt, Personalausstattung wird angepasst
- § 114: Einwilligung durch Pflegebedürftige zur Qualitätsprüfung gilt, wie es früher war, wieder mündlich. Es werden neue Qualitätskriterien gefasst
- § 115: Übergangsregelungen für Pflegetransparenzkriterien und QPR (Qualitätsprüfungs-Richtlinien)
- §§ 122 bis 124: gestrichen
- § 141: Besitzstandswahrung für alle, die bereits 2016 Leistungsempfänger waren
- § 142: Übergangsregelung für alle, die 2016 bereits pflegebedürftig im Sinne des Gesetzes waren

1.2 Wesentliche Neuerungen durch das PSG III im Überblick

1.2.1 Ziele des PSG III

Schwerpunkte des PSG III

- Umsetzung der Empfehlungen der Bund-Länder-Arbeitsgruppe zur Stärkung der Rolle der Kommunen in der Pflege.
  - Der Gesetzgeber glaubt, die Kommunen haben die Ressourcen und das Know-how, die Beratung besser zu managen als bisher. *»Kommunale Behörden haben daher erfahrenes Personal, und sie kennen die örtlichen Einrichtungen und Verbände, die im Bereich der Pflege aktiv sind.«*[3]
  - Ziel der Kommunen ist es, pflegebedürftigen Menschen den Verbleib in der häuslichen Umgebung und ein selbstbestimmtes Leben zu ermöglichen.
  - Die Pflegekassen sind mit dem PSG III verpflichtet worden, in den regionalen Pflegeausschüssen und Landespflegeausschüssen der jeweiligen Bundesländer mitzuarbeiten.
  - Diese Ausschüsse können sog. Pflegestrukturplanungsempfehlungen abgeben, d. h. Vorschläge zur Verbesserung der Versorgungssituation.
- Der neue Pflegebedürftigkeitsbegriff ist in das Sozialhilferecht (SGB XII) aufgenommen worden.
- Es gibt Regelungen zur Verhinderung von Abrechnungsbetrug durch Leistungsanbieter.

1.2.2 Details des PSG III

Am 28. Juni 2016, kurz vor der politischen Sommerpause, beschloss das Bundeskabinett den Entwurf für ein drittes Pflegestärkungsgesetz beschlossen. Die wichtigsten Inhalte veröffentlichte das Bundesministerium

---

[3] Vgl. https://www.bundesgesundheitsministerium.de/ministerium/meldungen/2016/juni/psg-iii-kabinett.html

bereits[4]. Ich zitiere im Folgenden direkt von der Homepage des Bundesgesundheitsministeriums.[5]

»Sicherstellung der Versorgung

Die Länder sind für die Vorhaltung einer leistungsfähigen, zahlenmäßig ausreichenden und wirtschaftlichen Versorgungsinfrastruktur in der Pflege verantwortlich. Dazu können sie Ausschüsse einrichten, die sich mit Versorgungsfragen befassen. Mit dem PSG III sollen die Pflegekassen nun verpflichtet werden, sich an Ausschüssen zu beteiligen, die sich mit regionalen Fragen oder sektorenübergreifender Versorgung beschäftigen. Die Pflegekassen müssen Empfehlungen der Ausschüsse, die sich auf die Verbesserung der Versorgungssituation beziehen, künftig bei Vertragsverhandlungen einbeziehen. Dies kann z. B. zur Vermeidung von Unterversorgung in der ambulanten Pflege notwendig werden, wenn bspw. die Erbringung dieser Leistungen durch einen Pflegedienst wegen Unwirtschaftlichkeit eingestellt werden müsste.

Beratung

Die Beratung von Pflegebedürftigen und ihren Angehörigen vor Ort soll verbessert werden. Dazu sollen Kommunen mit dem PSG III für die Dauer von fünf Jahren ein Initiativrecht zur Einrichtung von Pflegestützpunkten erhalten. Darüber hinaus sollen sie künftig Beratungsgutscheine der Versicherten für eine Pflegeberatung einlösen können. Ergänzend zu ihren eigenen Beratungsaufgaben in der Hilfe zur Pflege, der Altenhilfe und der Eingliederungshilfe sollen sie auch Pflegebedürftige, die Pflegegeld beziehen, beraten können, wenn diese das wünschen. Außerdem sind Modellvorhaben zur Beratung Pflegebedürftiger und ihrer Angehörigen durch kommunale Beratungsstellen in bis zu 60 Kreisen oder kreisfreien Städten für die Dauer von fünf Jahren vorgesehen. Über die Anträge von Kommunen, die an diesen Modellvorhaben mitwirken wollen, wird von den Ländern entschieden. Pflegebedürftige und ihre Angehörigen sollen dadurch eine Beratung aus einer Hand erhalten zu allen Leistungen, die sie in Anspruch nehmen können wie z. B. der Hilfe zur Pflege, der Eingliederungshilfe oder der Altenhilfe.«

---

4 https://www.bundesgesundheitsministerium.de/ministerium/meldungen/2016/juni/psg-iii-kabinett.html

5 Ebd.

So steht's im Gesetz, aber bis dato habe ich nichts Entscheidendes dazu vernommen, schon gar keine konkreten Ergebnisse.

»Angebote zur Unterstützung im Alltag

Das PSG III schafft für Kommunen die Möglichkeit, sich an Maßnahmen zum Auf- und Ausbau der Angebote zur Unterstützung im Alltag auch in Form von Personal- oder Sachmitteln einzubringen. Diese Angebote zur Unterstützung im Alltag richten sich nicht nur an Pflegebedürftige, sondern auch an deren Angehörige, die dadurch entlastet werden. Darüber hinaus sollen Länder, die die ihnen zustehenden Mittel fast vollständig abgerufen haben, auch die Mittel nutzen können, die von anderen Ländern nicht verwendet wurden. Ziel ist die möglichst vollständige Ausschöpfung des Beitrags der Pflegeversicherung von bis zu 25 Mio. Euro für den Aufbau solcher Angebote.

Umsetzung des neuen Pflegebedürftigkeitsbegriffs im Recht der Hilfe zur Pflege

Auch nach Einführung des neuen Pflegebedürftigkeitsbegriffs im SGB XI und nach der deutlichen Verbesserung der Leistungen der Pflegeversicherung kann ein darüber hinausgehender Bedarf an Pflege bestehen. Dieser wird bei finanzieller Bedürftigkeit durch die Hilfe zur Pflege im Rahmen der Sozialhilfe und dem sozialen Entschädigungsrecht gedeckt. Wie im SGB XI soll auch im Recht auf Hilfe zur Pflege nach dem Zwölften Sozialgesetzbuch (SGB XII) und im Bundesversorgungsgesetz (BVG) der neue Pflegebedürftigkeitsbegriff eingeführt werden, damit sichergestellt ist, dass finanziell Bedürftige im Falle der Pflegebedürftigkeit angemessen versorgt werden.

Regelung der Schnittstellenproblematik zwischen Pflegeversicherung und Eingliederungshilfe

Mit der Einführung des neuen Pflegebedürftigkeitsbegriffs im SGB XI wurde im Bereich des Leistungsrechts eine Erweiterung vorgenommen: Nunmehr gehören auch die pflegerischen Betreuungsmaßnahmen zum Leistungsbereich der Pflegeversicherung. Das führt zu Abgrenzungsfragen zwischen den Leistungen der Ein-

gliederungshilfe und den Leistungen der Pflegeversicherung bzw. Hilfe zur Pflege. Deshalb soll das PSG III für Klarheit sorgen: Geregelt wird daher, dass die Leistungen der Pflege gegenüber den Leistungen der Eingliederungshilfe im häuslichen Umfeld grundsätzlich vorrangig sind, es sei denn, bei der Leistungserbringung steht die Erfüllung der Aufgaben der Eingliederungshilfe im Vordergrund.

Außerhalb des häuslichen Umfelds gehen dagegen die Leistungen der Eingliederungshilfe den Leistungen der Pflege vor. Damit enthält der Entwurf klare Abgrenzungsregelungen an den Schnittstellen zwischen Pflegeversicherung und Eingliederungshilfe, die zudem Kostenverschiebungen zwischen den beiden Systemen vermeiden.

Maßnahmen zur Verhinderung von Abrechnungsbetrug in der Pflege
Die Gesetzliche Krankenversicherung erhält ein systematisches Prüfrecht: Auch Pflegedienste, die ausschließlich Leistungen der häuslichen Krankenpflege im Auftrag der Krankenkassen erbringen, sollen zukünftig regelmäßig von den Qualitäts- und Abrechnungsprüfungen durch den Medizinischen Dienst der Krankenversicherung (MDK) erfasst werden.

Zudem sollen bestehende Instrumente der Qualitätssicherung im Bereich der Pflegeversicherung weiterentwickelt werden: In die Stichproben bei den MDK-Prüfungen von Pflegediensten sollten auch Personen einbezogen werden, die allein Leistungen der häuslichen Krankenpflege erhalten.«

Info
Es gibt für Einrichtungen, die reine SGB V-Leistungen erbringen, mittlerweile eine eigene QPR.

»In der häuslichen Krankenpflege werden die Dokumentationspflichten der Pflegekräfte an die in der ambulanten Altenpflege bereits geltenden Pflichten angepasst. Abrechnungsprüfungen sollen von den Pflegekassen zudem künftig auch unabhängig von den Qualitätsprüfungen des MDK durchgeführt werden, wenn Anhaltspunkte für fehlerhaftes Abrechnungsverhalten vorliegen.

Für Pflegedienste, die in der ambulanten Altenpflege tätig sind, gelten diese Regeln bereits. Sie dürfen im Verdachtsfall unangemeldet kontrolliert werden, und ihre Abrechnungen müssen regelmäßig überprüft werden. Darüber hinaus soll die Pflegeselbstverwaltung in den Ländern gesetzlich verpflichtet werden, in den Landesrahmenverträgen insbesondere Voraussetzungen für Verträge festzulegen, durch die wirksamer gegen bereits auffällig gewordene Anbieter vorgegangen werden kann. Damit soll sichergestellt werden, dass sich beispielsweise kriminelle Pflegedienste nicht einfach unter neuem Namen oder über Strohmänner eine neue Zulassung erschleichen können.

Die Pflegeselbstverwaltung wird zudem verpflichtet, klare Qualitätsstandards für ambulante Wohngruppen zu erarbeiten.«[6]

Info

Die Selbstverwaltung in Gestalt des Qualitätsausschusses Pflege hat schon 2017 den Auftrag an die Uni Bremen weitergereicht, die ihn auch prompt erledigte: Der Abschlussbericht zur »Entwicklung und Erprobung eines Konzeptes und von Instrumenten zur internen und externen Qualitätssicherung und Qualitätsberichterstattung in neuen Wohnformen nach § 113b Abs. 4 SGB XI« liegt seit dem 16. 01. 2019 öffentlich vor. Was seitdem weiter unternommen wurde, wie es mit dem Abschlussbericht weitergeht und welche Erkenntnisse umgesetzt werden sollen, ist nach mehr als zwei Jahre (Redaktionsschluss dieses Buches: Mai 2021) nicht bekannt. Auf der Homepage des Qualitätsausschusses ist zu diesem Thema zu lesen: *»Der Qualitätsausschuss Pflege wird sich mit den wissenschaftlichen Erkenntnissen aus dem Erprobungsprojekt weiter befassen.«** Gut Ding will nun mal Weile haben.

* https://www.gs-qsa-pflege.de/unsere-aktuellen-projekte/#Entwicklung%20und%20Erprobung%20eines%20Konzepts%20f%C3%BCr%20eine%20Qualit%C3%A4tssiche-rung%20in%20neuen%20Wohnformen%20gem%C3%A4%C3%9F%20%C2%A7%20113b%20Absatz%204%20Satz%202%20Nr.%206%20SGB%20XI

[6] Ebd.

2 Wesentliche Paragrafen des SGB XI

2.1 § 3 Vorrang der häuslichen Pflege

»Die Pflegeversicherung soll mit ihren Leistungen vorrangig die häusliche Pflege und die Pflegebereitschaft der Angehörigen und Nachbarn unterstützen, damit die Pflegebedürftigen möglichst lange in ihrer häuslichen Umgebung bleiben können. Leistungen der teilstationären Pflege und der Kurzzeitpflege gehen den Leistungen der vollstationären Pflege vor«, heißt es im Gesetz. Dieser Grundsatz spiegelt sich in verschiedenen Entscheidungen wider. So ist es manchmal verwunderlich, wenn man im häuslichen Bereich Pflegebedürftige mit einer Pflegestufe antrifft, die einem etwas zu hoch erscheint. Die Einstufung im häuslichen Bereich erweckt den Eindruck, dass gelegentlich mal ein Auge zugedrückt wird. Auch die deutlichen finanziellen Verbesserungen gerade in den vergangenen zwei Jahren haben weitgehend ambulant stattgefunden. Ambulant waren am 31. Dezember 2019 insgesamt 3,14 Mio. Menschen pflegebedürftig – das sind fast doppelt so viele wie zehn Jahre zuvor. Wie lange der Grundsatz »ambulant vor stationär« noch standhalten kann, ist angesichts der derzeitigen Entwicklung fraglich. Hier ein Rechenbeispiel (▶ Tab. 1):

Tab. 1: Beispielhafte Leistungen für einen Pflegebedürftigen (Grad 3) – ambulant und stationär

	Ambulante Leistungen	Stationäre Leistung	Differenz im Jahr
Sachleistungen	1.298 Euro/Monat	1.262 Euro/Monat	432 Euro
Beratungseinsatz	46 Euro jährlich	0 Euro	46 Euro
Betreuungsleistung	125 Euro/Monat	0 Euro	1.500 Euro
Zum Verbrauch bestimmte Pflegehilfsmittel	40 Euro/Monat	0 Euro	480 Euro
Tages-Nachtpflege	1.298 Euro/Monat	0 Euro	15.576 Euro
Wohnumfeldverbessernde Maßnahme	4.000 Euro max. pro Maßnahme	0 Euro	4.000 Euro
Beitrag zur Rentenversicherung für Pflegeperson*	263,13 Euro/Monat (alte Bundesländer)	0 Euro	3.157,56 Euro
Beitrag zur Arbeitslosenversicherung für Pflegeperson	39,48 Euro/Monat (alte Bundesländer) maximal	0 Euro	473,76 Euro
Zuschüsse zur Krankenversicherung für Pflegeperson bei Pflegezeit	174,37 Euro/Monat maximal	0 Euro	2.092,44 Euro
Zuschuss zur Pflegeversicherung für Pflegeperson bei Pflegezeit	33,45 Euro/Tag maximal	0 Euro	401,30 Euro

* Bsp. PG 3: Pflegeperson im Westen pflegt 20 Stunden/Woche

Tabelle 1 zeigt deutlich, dass die ambulante Pflege, bei Ausschöpfung aller Leistungen, bis zu 25.000 Euro im Jahr teurer sein kann als die stationäre Pflege.

Wenn alle ambulant versorgten Pflegebedürftigen die zur Verfügung stehenden Mittel ausschöpfen, wie lange kann dann der Grundsatz »ambulant vor stationär« noch getragen werden?

2.2 § 7 Aufklärung, Auskunft

»(1) Die Pflegekassen haben die Eigenverantwortung der Versicherten durch Aufklärung und Beratung über eine gesunde, der Pflegebedürftigkeit vorbeugende Lebensführung zu unterstützen und auf die Teilnahme an gesundheitsfördernden Maßnahmen hinzuwirken.

(2) Die Pflegekassen haben die Versicherten und ihre Angehörigen und Lebenspartner in den mit der Pflegebedürftigkeit zusammenhängenden Fragen, insbesondere über die Leistungen der Pflegekassen sowie über die Leistungen und Hilfen anderer Träger, in für sie verständlicher Weise zu unterrichten, zu beraten und darüber aufzuklären, dass ein Anspruch besteht auf die Übermittlung

1. *des Gutachtens des Medizinischen Dienstes der Krankenversicherung oder eines anderen von der Pflegekasse beauftragten Gutachters sowie*
2. *der gesonderten Rehabilitationsempfehlung gemäß § 18a Absatz 1.«*

Diesem Anspruch auf das Gutachten des MDK oder des beauftragten Gutachters wurde in den vergangenen Jahren nicht immer nachgekommen:

- Das Gutachten wurde nicht immer automatisch zugesendet.
- Es wurde teilweise nicht einmal auf Bitte hin zugestellt.
- Es ging auf dem Postwege verloren ...

... oder andere Hürden waren zu nehmen, um an das Gutachten zu kommen. Auch mit der Neuerung in den letzten Begutachtungs-Richtlinien, in dem unter Punkt 7 im Gutachten angekreuzt werden konnte, ob der Antragsteller sein Gutachten wünscht, veränderte sich nicht viel. Viele Gutachter kreuzten einfach an, dass der Antragsteller die Zusendung eben nicht wünscht. Ob immer gefragt wurde, ist anzuzweifeln. In den aktuellen Begutachtungs-Richtlinien steht nur die Frage *»8.9 Die antragstellende Person widerspricht der Übersendung des Gutachtens«*. Was diese Frage soll, ist für mich nicht nachvollziehbar. Welcher Antragsteller widerspricht denn der Zusendung eines Gutachtens? Wie kommt man an verantwortlicher Stelle überhaupt auf so eine Fragestellung? Und wer garantiert, dass das Kreuz an der richtigen Stelle, also bei »Nein« gesetzt wird? Wird wirklich jeder Antragsteller gefragt? Diese Frage hätte man sich sparen können!

§ 7 SGB XI lautet weiter: »*(3) Zur Unterstützung der pflegebedürftigen Person… sowie zur Förderung des Wettbewerbs und der Überschaubarkeit des vorhandenen Angebots hat die zuständige Pflegekasse der antragstellenden Person auf Anforderung eine Vergleichsliste über die Leistungen und Vergütungen der zugelassenen Pflegeeinrichtungen …(Leistungs- und Preisvergleichsliste) … unverzüglich und in geeigneter Form zu übermitteln. Die Landesverbände der Pflegekassen erstellen eine Leistungs- und Preisvergleichsliste nach Satz 1, aktualisieren diese einmal im Quartal und veröffentlichen sie auf einer eigenen Internetseite.*« Diese Listen werden tatsächlich oft durch die Pflegekassen zur Verfügung gestellt. Allerdings berichten mir Kunden immer wieder, dass die Liste oft sehr spät eintrifft, in Einzelfällen auch gar nicht. Letzteres war sogar in meiner eigenen Familie der Fall.

§ 7 wurde ergänzt durch § 7c, die Pflegestützpunkte: »*(1) Zur wohnortnahen Beratung, Versorgung und Betreuung der Versicherten richten die Pflegekassen und Krankenkassen Pflegestützpunkte ein…*

(2) Aufgaben der Pflegestützpunkte sind 1. umfassende sowie unabhängige Auskunft und Beratung zu den Rechten und Pflichten nach dem Sozialgesetzbuch und zur Auswahl und Inanspruchnahme der bundes- oder landesrechtlich vorgesehenen Sozialleistungen und sonstigen Hilfsangebote einschließlich der Pflegeberatung nach § 7a in Verbindung mit den Richtlinien nach § 17 Absatz 1a, 2. Koordinierung aller für die wohnortnahe Versorgung und Betreuung in Betracht kommenden gesundheitsfördernden, präventiven, kurativen, rehabilitativen und sonstigen medizinischen sowie pflegerischen und sozialen Hilfs- und Unterstützungsangebote einschließlich der Hilfestellung bei der Inanspruchnahme der Leistungen, 3. Vernetzung aufeinander abgestimmter pflegerischer und sozialer Versorgungs- und Betreuungsangebote.«

Klar ist weiterhin, dass die Beratung für den Antragsteller kostenfrei bleibt. Mehr noch: Der Antragsteller erhält sogar Beratungsgutscheine, sagt das Gesetz unter »*§ 7b Beratungsgutscheine*

(1) Die Pflegekasse hat dem Antragsteller unmittelbar nach Eingang eines erstmaligen Antrags auf Leistungen nach diesem Buch … entweder

1. *unter Angabe einer Kontaktperson einen konkreten Beratungstermin anzubieten, der spätestens innerhalb von zwei Wochen nach Antragseingang durchzuführen ist, oder*
2. *einen Beratungsgutschein auszustellen, in dem Beratungsstellen benannt sind, bei denen er zu Lasten der Pflegekasse innerhalb von zwei Wochen nach Antragseingang eingelöst werden kann.*

… Auf Wunsch des Versicherten hat die Beratung in der häuslichen Umgebung stattzufinden und kann auch nach Ablauf der in Satz 1 genannten Frist durchgeführt werden; über diese Möglichkeiten hat ihn die Pflegekasse aufzuklären.«

Weiter heißt es: »*(2) Die Pflegekasse hat sicherzustellen, dass die Beratungsstellen die Anforderungen an die Beratung nach § 7a einhalten. Die Pflegekasse schließt hierzu allein oder gemeinsam mit anderen Pflegekassen vertragliche Vereinbarungen mit unabhängigen und neutralen Beratungsstellen…«*

Wie sollen die Pflegekassen, die gleichzeitig den Pflegestützpunkt finanzieren sollen, dafür Sorge tragen, dass es unabhängige Beratungsstellen gibt?

2.3 § 14 Begriff der Pflegebedürftigkeit

20 Jahre nach Einführung der Pflegeversicherung, der berühmten fünften Säule der sozialen Sicherung, ist das Grundprinzip der Pflegebedürftigkeit auf neue Gleise gesetzt worden. 2015 entschied der Gesetzgeber, dass der Pflegebedürftigkeitsbegriff verändert werden müsse. Bis 2016 galt ein Mensch als pflegebedürftig, wenn er auf Dauer voraussichtlich sechs Monate, aufgrund einer Krankheit, der Hilfe in der Grundpflege bedurfte. Diese Herangehensweise hat sich mit dem neuen Pflegebedürftigkeitsbegriff

komplett erledigt. Zwar ist immer noch eine Krankheit erforderlich um nachzuweisen, dass eine gesundheitliche Beeinträchtigung der Selbstständigkeit besteht. Auch muss dieser Zustand der Beeinträchtigung weiterhin voraussichtlich sechs Monate anhalten und der Schwere eines Pflegegrades 1 entsprechen. Aber ab diesem Passus entspricht nichts mehr dem alten System. Während es von 1995 bis 2016 um den Hilfebedarf bei der Grundpflege ging, geht es nunmehr nur um die Einschränkung der Selbstständigkeit in sechs Modulen.

Im Gesetzestext zu § 14, dem Begriff der Pflegebedürftigkeit heißt es: *»Pflegebedürftig im Sinne dieses Buches sind Personen, die gesundheitlich bedingte Beeinträchtigungen der Selbständigkeit oder der Fähigkeiten aufweisen und deshalb der Hilfe durch andere bedürfen. Es muss sich um Personen handeln die körperliche, kognitive oder psychische Beeinträchtigungen oder gesundheitlich bedingte Belastungen oder Anforderungen nicht selbstständig kompensieren oder bewältigen können. Die Pflegebedürftigkeit muss auf Dauer, voraussichtlich für mindestens sechs Monate, und mit mindestens der in § 15 festgelegten Schwere bestehen.«*

Info

Die sechs Bereiche und die pflegefachlich begründeten Kriterien

1. Modul 1: Mobilität
2. Modul 2: Kognitive und kommunikative Fähigkeiten
3. Modul 3. Verhaltensweise und psychische Problemlagen
4. Modul 4: Selbstversorgung
5. Modul 5: Bewältigung von und selbstständiger Umgang mit krankheits- oder therapiebedingten Anforderungen und Belastungen
6. Modul 6: Gestaltung des Alltagslebens und sozialer Kontakte

Abbildung 1 macht sofort klar, was das bedeutet, und welchen Unterschied diese neue Herangehensweise zur alten aufweist.

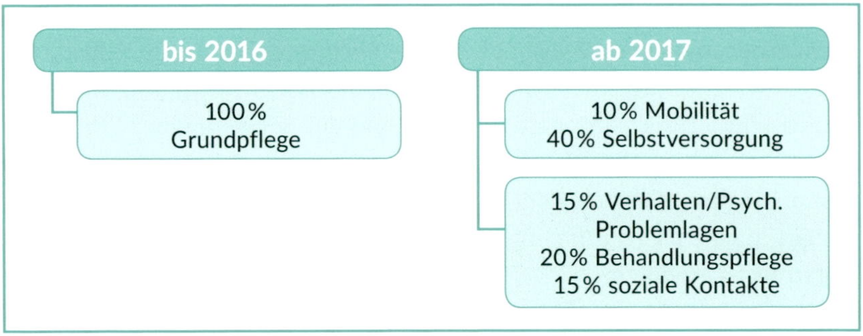

Abb. 1: Die neue Herangehensweise bei der Begutachtung der Pflegebedürftigkeit.

Was also bis dato zu 100 % berechnet wurde, fließt künftig nur noch zu 50 % in die Bewertung ein. Die fehlenden 50 % müssen über die drei weiteren Module in der jeweiligen Gewichtung erreicht werden.

2.4 Der Pflegegrad

Wer den Begriff der Pflegebedürftigkeit nach § 14 erfüllt, hat ggf. noch keinen Nutzen davon. Denn wie früher die Voraussetzung der Pflegestufe I als Leistungsbezug galt, so ist dies seit dem 1. Januar 2017 der Pflegegrad 1. Der Pflegegrad wird nach einem recht aufwendigen System ermittelt. Früher mussten wir nur Minuten zusammenaddieren und erhielten die Pflegestufe. Beim Pflegegrad verhält sich das anders:

1. Die Einschränkungen und Belastungen in den einzelnen Modulen werden in Punkten erfasst.
2. Die Punkte wiederum werden nicht einfach übernommen, sondern unterschiedlich gewertet und gewichtet. Wer beispielsweise im Bereich der Mobilität Einschränkungen hat und die Treppe nicht gehen kann, beim Aufstehen aus dem Bett volle Hilfe benötigt und mit dem Rollstuhl gefahren wird, erhält insgesamt 9 Punkte bei der Mobilität. Diese 9 Punkte werden mit 7,5 Punkten gewichtet, d. h. sie gehen mit 7,5 Punkten in die Gesamtbewertung ein – nicht mit den addierten 9 Punkten.

Das System ist also sehr komplex und besonders in Modul 5 sehr anspruchsvoll (▸ Kap. 4). Tabelle 2 zeigt die Gewichtung aller Module.

Tab. 2: Gewichtung der Module des BI (s. BRi, S. 65)

Module	Gewichtung	keine	geringe	erhebliche	schwere	schwerste	
1. Mobilität	10 %	0–1	2–3	4–5	6–9	10–15	Erreichte Punkte im Modul 1
		0	2,5	5	7,5	10	Gewichtete Punkte im Modul 1 (= Berechnungspunkte)
2. Kognitive und kommunikative Fähigkeiten	15 %	0–1	2–5	6–10	11–16	17–33	Erreichte Punkte im Modul 2 werden nur berechnet, wenn Modul 3 nicht mehr Punkte bringt
3. Verhaltensweisen und psychische Problemlagen		0	1–2	3–4	5–6	7–65	Erreichte Punkte im Modul 3 werden nur berechnet, wenn Modul 2 nicht mehr Punkte bringt
Höchster Wert aus Modul 2 oder aus Modul 3		0	3,75	7,5	11,25	15	Gewichtete Punkte im Modul 2 **ODER** 3, je nachdem was mehr Punkte bringt (= Berechnungspunkte)
4. Selbstversorgung	40 %	0–2	3–7	8–18	19–36	37–54	Erreichte Punkte im Modul 4
		0	10	20	30	40	Gewichtete Punkte im Modul 4 (= Berechnungspunkte)
5. Bewältigung von und selbstständiger Umgang mit krankheits- und therapiebedingten Anforderungen	20 %	0	1	2–3	4–5	6–15	Erreichte Punkte im Modul 5
		0	5	10	15	20	Gewichtete Punkte im Modul 5 (= Berechnungspunkte)
6. Gestaltung des Alltagslebens und sozialer Kontakte	15 %	0	1–3	4–6	7–11	12–18	Erreichte Punkte im Modul 6
		0	3,75	7,5	11,25	15	Gewichtete Punkte im Modul 6 (= Berechnungspunkte)

Wenn die Punkte gemäß Gewichtung zusammengefasst sind, ergibt sich ein Gesamtpunktwert. Dieser Gesamtwert ergibt dann den Pflegegrad nach § 15 SGB XI.

2.5 § 15 Ermittlung des Grades der Pflegebedürftigkeit, Begutachtungsinstrument

Pflegebedürftige werden nach der Schwere ihrer Einschränkungen mit Hilfe eines Begutachtungsverfahrens eingegradet. Im Begutachtungsverfahren werden in den bereits erwähnten sechs Modulen Punkte ermittelt. Dabei wird so verfahren, dass die Punkte gleichbedeutend mit Einschränkungen gesetzt werden. So ergibt sich folgende Betrachtung:

1. Punktbereich 0: Keine Beeinträchtigung der Selbstständigkeit oder der Fähigkeiten
2. Punktbereich 1: Geringe Beeinträchtigung der Selbstständigkeit oder der Fähigkeiten
3. Punktbereich 2: Erhebliche Beeinträchtigung der Selbstständigkeit oder der Fähigkeiten
4. Punktbereich 3: Schwere Beeinträchtigung der Selbstständigkeit oder der Fähigkeiten
5. Punktbereich 4: Schwerste Beeinträchtigung der Selbstständigkeit oder der Fähigkeiten

Die erreichten Punkte werden gewichtet, die gewichteten Punkte werden addiert, um den Pflegegrad zu ermitteln:

1. Pflegegrad 1: 12,5 bis unter 27 Punkte (Geringe Beeinträchtigungen)
2. Pflegegrad 2: ab 27 bis unter 47,5 Punkte (Erhebliche Beeinträchtigungen)
3. Pflegegrad 3: ab 47,5 bis unter 70 Punkte (Schwere Beeinträchtigungen)
4. Pflegegrad 4: ab 70 bis unter 90 Punkte (Schwerste Beeinträchtigungen
5. Pflegegrad 5: ab 90 bis 100 Punkte (Schwerste Beeinträchtigungen der Selbstständigkeit mit besonderen Anforderungen an die pflegerische Versorgung)

Das System ist für Laien kaum noch nachvollziehbar und auch die Profis müssen sich das erschließen. Was nicht unbedingt auf den ersten Blick möglich ist. Daher habe ich Ihnen in diesem Buch einige Beispiele zusammengestellt (▶ Kap. 4).

2.6 § 18 Verfahren zur Einstufung

Der Gesetzgeber regelt das Verfahren seit Beginn der Pflegeversicherung im § 18 SGB XI. Aber auch hier stecken einige Neuerungen, nicht zuletzt durch das zweite Pflegestärkungsgesetz verursacht. *»(1) Die Pflegekassen beauftragen den Medizinischen Dienst oder andere unabhängige Gutachter mit der Prüfung, ob die Voraussetzungen der Pflegebedürftigkeit erfüllt sind und welcher Pflegegrad der Pflegebedürftigkeit vorliegt.*
Darüber hinaus sind auch Feststellungen darüber zu treffen, ob und in welchem Umfang Maßnahmen zur Beseitigung, Minderung oder Verhütung einer Verschlimmerung der Pflegebedürftigkeit einschließlich der Leistungen zur medizinischen Rehabilitation geeignet, notwendig und zumutbar sind; insoweit haben Versicherte einen Anspruch gegen den zuständigen Träger auf Leistungen zur medizinischen Rehabilitation.«
Dieser Passus existiert zwar bereits seit 2009, wurde jedoch kaum in die Tat umgesetzt. Kaum ein Mitarbeiter des MDK empfiehlt im Rahmen der Begutachtung eine Rehabilitationsmaßnahme. Und der Gesetzgeber ist nicht konsequent genug, dies einzufordern.

2.6.1 Zu wenig Rehabilitation in den Einrichtungen

»Rehabilitation findet in den Einrichtungen zu wenig statt« – So lautete die Überschrift eines Artikels, in dem die Kassen kritisierten, dass in den stationären Einrichtungen zu wenige rehabilitative und präventive Maßnahmen stattfinden. *»Wenn zum Beispiel nur in geschätzten fünf bis zehn Prozent … systematisch Ansätze von Rehabilitation stattfinden, wird die Handlungsnotwenigkeit deutlich«, gab der Vorstandsvorsitzende der AOK in Baden-Württemberg bekannt.«*[7]

---

[7] »Rehabilitation findet in den Einrichtungen zu wenig statt«. CAREkonkret 5. 8. 2016, S. 8

2.6.2 Die Kassen zieren sich bei der Genehmigung von Rehabilitationen

Auf der anderen Seite muss man klar feststellen, dass die Kassen ihrerseits nicht sehr interessiert daran sind, Rehabilitationen für Pflegebedürftige zu finanzieren. So war es im ARD-Magazin »Report Mainz« am 5. Juli 2016[8] zu sehen. Die Kassen hätten keinen Anreiz, die Rehabilitation zu finanzieren, hieß es. Maßnahmen würden abgelehnt, weil die Kosten einer Rehabilitation sich nicht rechnen würden. Wenn die Krankenkasse die Reha bezahlt, habe sie später keinen Nutzen davon. Wenn eine Pflegebedürftigkeit durch eine Rehabilitation vermindert oder gar verhindert wird, hat die Krankenkasse davon nichts. Lediglich die Pflegekasse profitiere von Reha-Maßnahmen. Erwin Rüddel (CDU) forderte daher, dass »derjenige, der von der Reha profitiert, auch die Reha bezahlt und das ist in dem Fall die Pflegeversicherung.« Heinz Rothgang von der Universität Bremen gab in dem Fernsehbericht an, dass gerade mal 2,1 % der begutachteten Menschen eine Empfehlung zur Rehabilitation erhielten. Gleichwohl habe er aus Studien ermittelt, dass rund 6 %, also dreimal mehr Rehabilitationen, notwendig wären.

2.6.3 Begutachtungsfristen

Im § 18 Absatz 3 SGB XI werden die Fristen zur Begutachtung geregelt. Dort heißt es: *»Die Pflegekasse leitet die Anträge zur Feststellung von Pflegebedürftigkeit unverzüglich an den Medizinischen Dienst oder die von der Pflegekasse beauftragten Gutachter weiter. Dem Antragsteller ist spätestens 25 Arbeitstage nach Eingang des Antrags bei der zuständigen Pflegekasse die Entscheidung der Pflegekasse schriftlich mitzuteilen.«* Dass diese Fristen zu rund 20 % nicht eingehalten werden, zeigt eine Statistik der GKV[9] aus dem Jahr 2020 (▶ Tab. 3).

---

8 »Krankenkassen verweigern häufig Reha – Patienten droht Pflegebedürftigkeit. http://www.swr.de/report/pflegefall-statt-rehapatient-krankenkassen-verweigern-haeufig-reha-patienten-droht-pflegebeduerftigkeit/-/id=233454/did=17482092/nid=233454/1obhe65/index.html

9 Einhaltung der Fristen zur Begutachtung von Pflegebedürftigkeit – GKV-Spitzenverband (gkv-spitzenverband.de)

Tab. 3: Statistik zur Einhaltung der Fristen nach § 18 Abs. 3b Satz 4 SGB XI für das Berichtsjahr 2020

Spalte 1	Spalte 2	Spalte 3	Spalte 4	Spalte 5	Spalte 6	Spalte 7	Spalte 8	Spalte 9	Spalte 10
Pos.	Bearbeitungs-/ Begutachtungsfrist	Anzahl der erledigten Anträge Gesamt*	Anteil von Gesamt	Anzahl der erledigten Anträge mit Fristüberschreitung	Anteil von Spalte 3	Anzahl der erledigten Anträge mit von den Pflegekassen nicht zu vertretender Fristüberschreitung	Anteil von Spalte 5	Anzahl der erledigten Anträge mit von den Pflegekassen zu vertretender Fristüberschreitung	Anteil von Spalte 5
1	Regelfall mit 25-Arbeitstagefrist**	879.593	80,0 %	145.969	21,5 %	134.973	92,5 %	10.996	7,5 %
2	Fälle mit 1-Wochen-Frist	118.629	14,1%	11.338	9,6 %	9.871	87,1 %	1.467	12,9 %
3	Fälle mit 2-Wochen-Frist	4.286	0,5 %	1.019	„§;(5	)§=	)!;§ %	()	(;/ 5
4	Fälle mit besonders dringlichem Entscheidungsbedarf***	40.820	4,8 %	4.980	12,2 %	4.893	98,3 %	87	1,7 %
	Gesamt	**843.378**	**100,0 %**	**163.306**	**19,4 %**	**150.667**	**92,3 %**	**12.639**	**7,7 %**

* Bei Anträge mit 25-Arbeitstage-Frist wurden die im Berichtsjahr beschiedenen Fälle erfasst, bei Anträgen mit 1- und 2-Wochen-Frist wurden die begutachteten Fälle erfasst.

** Anträge auf Pflegeleistungen, die zwischen dem 01.01.2020 und zwischen dem 01.10.2020 und dem 31.12.2020 gestellt wurden

*** Anträge auf Pflegeleistungen, die zwischen dem 01.02.2020 und dem 30.09.2020 gestellt wurden≤

Stand: 24.03.2021

2

Info

Bei Erstantrag aus dem Krankhaus oder einer Rehabilitationseinrichtung beträgt die Frist nur sieben Tage, *»liegen Hinweise vor, dass zur Sicherstellung der ambulanten oder stationären Weiterversorgung und Betreuung eine Begutachtung in der Einrichtung erforderlich ist, … ist die Begutachtung dort unverzüglich, spätestens innerhalb einer Woche nach Eingang des Antrags bei der zuständigen Pflegekasse durchzuführen; die Frist kann durch regionale Vereinbarungen verkürzt werden.«**

* *§ 18 SGB XI*

2.7 § 19 Begriff der Pflegeperson

Da der Pflegebedürftigkeitsbegriff und die Pflegestufen verändert wurden, musste auch der Begriff der Pflegeperson angepasst werden. Während bis 2016 die Pflegeperson einen oder mehrere Pflegebedürftigen mindestens 14 Stunden die Woche pflegen, bzw. umsorgen musste, reichen jetzt zehn Stunden wöchentlich, allerdings verteilt auf mindestens zwei Tage pro Woche.

Definition **Die Pflegeperson**

Der Begriff der Pflegeperson wird in der Praxis etwas missverständlich genutzt. Jeder, der pflegt, nennt sich Pflegeperson. Kraft Gesetzes ist dies aber nicht immer der Fall. Nur wer einen oder mehrere Pflegebedürftigen nicht erwerbsmäßig und durchschnittlich zehn Stunden pro Woche pflegt, gilt als Pflegeperson und hat Anspruch auf die soziale Sicherung gemäß § 44 SGB XI.

2.8 § 28 Leistungen der Pflegeversicherung

Die Leistungen der Pflegeversicherung gelten für jeden Pflegebedürftigen ab Pflegegrad 1. Dazu gehören folgende Leistungen, die ein Pflegebedürftiger in Anspruch nehmen kann: 2

- Pflegeberatung nach § 7a und 7 b
- Beratung in der eigenen Häuslichkeit nach § 37 Absatz 3
- Zusätzliche Leistungen in ambulant betreuten Wohngruppen nach § 38a
- Versorgung mit Pflegehilfsmittel nach § 40
- Finanzielle Hilfe für Maßnahmen zur Verbesserung des Wohnumfeldes nach § 40 Absatz 4
- Zusätzliche Betreuung und Aktivierung in stationären Einrichtungen gemäß § 43b
- Pflegekurse für Angehörige und Ehrenamtliche nach § 44
- Entlastungsbeitrag von 125 Euro gemäß § 45b

Weitere Ausführungen zu den Leistungen finden Sie unter den entsprechenden Erläuterungen zu den Paragrafen in diesem Buch.

2.9 § 33 Leistungsvoraussetzung

Absatz 1: »*Versicherte erhalten die Leistungen der Pflegeversicherung auf Antrag. Die Leistungen werden ab Antragstellung gewährt, frühestens jedoch von dem Zeitpunkt an, in dem die Anspruchsvoraussetzungen vorliegen. Wird der Antrag nicht in dem Kalendermonat, in dem die Pflegebedürftigkeit eingetreten ist, sondern später gestellt, werden die Leistungen vom Beginn des Monats der Antragstellung an gewährt.*«

Absatz 2: »*Anspruch auf Leistungen besteht, wenn der Versicherte in den letzten zehn Jahren vor der Antragstellung mindestens zwei Jahre als Mitglied versichert oder nach § 25 familienversichert war. Zeiten der Weiterversicherung nach § 26 Abs. 2 werden bei der Ermittlung der nach Satz 1 erforderlichen Vorversicherungszeit mitberücksichtigt. Für versicherte Kinder gilt die Vorversicherungszeit nach Satz 1 als erfüllt, wenn ein Elternteil sie erfüllt.*«

2.9.1 Ohne Antrag geht in Deutschland gar nichts

Der Antrag auf einen Pflegegrad muss bei der Pflegekasse gestellt werden. Dies kann formlos geschehen. Einen Antrag stellen dürfen Versicherte, deren gesetzliche Betreuer, Bevollmächtigte oder Erziehungsberechtigte. Nicht berechtigt sind die beteiligten ambulante Dienste oder stationäre Einrichtungen, denn der Pflegebedürftige, für den der Antrag gestellt wird, und die stationäre Einrichtung stehen womöglich im Interessenkonflikt. Ambulante Dienste hätten den Weg über die Informationspflicht gegenüber den Kassen. Nur wird dies in der Regel wenig genutzt. Wenn ein Pflegedienst den Pflegebedürftigen informiert, dass ein Höherstufungsantrag gestellt werden sollte, so wird der Pflegebedürftige oder sein Vertreter dies gern und sofort tun, bei niedrigeren Pflegegraden eher nicht. Aber auch das wäre gemäß § 120 SGB XI die Pflicht eines ambulanten Dienstes.

Für stationäre Einrichtungen gilt § 87a SGB XI. Hier ist die Regelung so, dass eine Einrichtung den Bewohner zu einem bestimmten Datum auffordert, einen (ggf. erneuten) Antrag zu stellen. Dies sollte die Einrichtung wegen der Beweispflicht stets schriftlich tun. Diese Aufforderung muss auch der Pflegekasse und dem zuständigen Sozialhilfeträger zugestellt werden. Kommt der Pflegebedürftige dieser Aufforderung nicht nach, so ist das Heim berechtigt, im zweiten darauf folgenden Monat (nach der Aufforderung) das entsprechend höhere Heimentgelt zu verlangen. § 87a Abs. 2: *»Bestehen Anhaltspunkte dafür, dass der pflegebedürftige Heimbewohner auf Grund der Entwicklung seines Zustands einem höheren Pflegegrad zuzuordnen ist, so ist er auf schriftliche Aufforderung des Heimträgers verpflichtet, bei seiner Pflegekasse die Zuordnung zu einem höheren Pflegegrad zu beantragen. Die Aufforderung ist zu begründen und auch der Pflegekasse sowie bei Sozialhilfeempfängern dem zuständigen Träger der Sozialhilfe zuzuleiten. Weigert sich der Heimbewohner, den Antrag zu stellen, kann der Heimträger ihm oder seinem Kostenträger ab dem ersten Tag des zweiten Monats nach der Aufforderung vorläufig den Pflegesatz nach dem nächsthöheren Pflegegrad berechnen.«*

Beispiel **Bewohner stellt keinen Antrag**

Ein Bewohner mit Pflegegrad 2 wird am 10. Dezember 2021 aufgefordert, einen Antrag zu stellen. Er kommt dieser Aufforderung nicht nach. Also darf die Einrichtung am 1. Februar 2022 das Heimentgelt entsprechend der Pflegegrades 3 verlangen.
Stellt der Pflegebedürftige oder sein Vertreter dann einen Antrag, wird der normale Weg der Begutachtung zu einen Ergebnis führen. Wenn der Bewohner Recht behält, muss das Pflegeheim den zu Unrecht verlangten Betrag mit 5 % Zinsen zurückzahlen. Wenn das Heim Recht behält, erhält der Bewohner Leistungen von der Pflegekasse, jedoch lediglich ab dem Zeitpunkt der Antragstellung. Es sei denn, die Pflegebedürftigkeit war bereits länger als einen Monat vor Antragstellung gegeben.

2.10 § 36 Pflegesachleistung

Die Sachleistungen können von Pflegebedürftigen der Pflegegrade 2 bis 5 in Anspruch genommen werden. Dieser Sachleistungsbetrag wird aber nicht an den Pflegebedürftigen ausgezahlt, sondern ist – wie der Name bereits sagt – ausschließlich für Sachleistungen durch einen ambulanten Anbieter mit Versorgungsvertrag vorgesehen. Für die ambulante Pflege gab es bereits mit dem ersten Pflegestärkungsgesetz (PSG I) zum 1. Januar 2015 die größten Veränderungen. Tabelle 4 zeigt das Entgelt für die Pflegebedürftigen der einzelnen Pflegegrade.

Tab. 4: Sachleistung ambulant pro Pflegegrad

Pflegegrad 1	Pflegegrad 2	Pflegegrad 3	Pflegegrad 4	Pflegegrad 5
0 Euro	689 Euro	1.298 Euro	1.612 Euro	1.995 Euro

Zusätzlich zu diesem finanziellen Zuschuss für Pflegesachleistungen durch einen Pflegedienst kann der Pflegebedürftige in Pflegegrad 1 bis 5 je 125 Euro als Erstattung der Betreuungs- und Entlastungsleistungen erhalten. Nicht aber für Selbstversorgung (= Grundpflege). Zusätzliche Betreuungsleistung nach § 45b sind dadurch abgegolten. So würde sich die Tabelle 4 bei Inanspruchnahme des Entlastungsbetrages ändern.

Tab. 5: Leistung der Pflegeversicherung bei Inanspruchnahme des Entlastungsbetrages und Sachleistung ambulant

Pflegegrad 1	Pflegegrad 2	Pflegegrad 3	Pflegegrad 4	Pflegegrad 5
125 Euro	689 Euro + 125 Euro	1.298 Euro + 125 Euro	1.612 Euro + 125 Euro	1.995 Euro + 125 Euro

Die Pflegebedürftigen können zudem einmal halbjährlich einen Beratungseinsatz nach § 37 Absatz 3 Satz 4 abrufen.

2.11 § 37 Pflegegeld für selbst beschaffte Pflegehilfen

Wenn Pflegebedürftige die Pflege zuhause selbst sichern, erhalten sie hierzu einen Geldbetrag, der für die Sicherung der Pflege ausgezahlt wird. Der Pflegebedürftige mit Pflegegrad 2 bis 5 muss sich dafür jedoch einem Pflegeeinsatz unterziehen. Pflegebedürftige mit Pflegegrad 1 müssen keinen Pflegeberatungseinsatz beauftragen. Sie haben nicht die Pflicht, aber das Recht, dies zu tun. In diesem Beratungsbesuch kann sich der Pflegebedürftige über das Angebot an Pflegeleistungen und seine Pflegesituation informieren lassen.

Bei dem Beratungseinsatz (§ 37 Absatz 3) für Pflegegrad 2 bis 5 beauftragt der Pflegebedürftige einen ambulanten Dienst seiner Wahl mit der Überprüfung der Sicherstellung seiner Pflegesituation. Die Pflegeeinsätze muss der Pflegebedürftige mit Pflegegrad 2 und 3 jeweils halbjährlich abrufen, bei Pflegegrad 4 und 5 jeweils vierteljährlich. Versäumt der Pflegebedürftige diesen Pflegeeinsatz, wird er von den Pflegekassen angemahnt. Die Kasse kann letztendlich auch das Pflegegeld kürzen, wenn die Pflege nicht überprüft oder nicht sichergestellt ist. Letzteres kann bei einer Überprüfung des Pflegegrades durch den MDK oder beauftragte Gutachter geschehen. Wenn ein Pflegebedürftiger nicht fachgerecht versorgt wird und das Pflegegeld möglicherweise zweckentfremdet, kann sich der Gutachter gegenüber der Kasse gegen die Auszahlung eines Pflegegeldes aussprechen und stattdessen Sachleistungen durch einen Pflegedienst empfehlen. Die Beratungseinsätze zahlt die Pflegekasse. Hierfür rechnet der Pflegedienst bis zu 23 Euro für den Beratungseinsatz in Pflegegrad 1, 2 und 3 und bis 33 Euro für Pflegegrad 4 und 5 ab. Anders als bisher können allerdings auch Pflegebedürftige, die bereits Sachleistungen nach § 36 erhalten, halbjährlich einen Beratungseinsatz abrufen.

Tab. 6: Pflegegeld ab 1. Januar 2017

Pflegegrad 1	Pflegegrad 2	Pflegegrad 3	Pflegegrad 4	Pflegegrad 5
0 Euro	316 Euro	545 Euro	728 Euro	901 Euro

Wichtig **Kurzzeit- oder Verhinderungspflege?**

Nimmt ein Pflegebedürftiger Kurzzeitpflege gemäß § 42 SGB XI in Anspruch, so wird die Hälfte des Pflegegeldes für bis zu acht Wochen weitergezahlt. Nimmt der Pflegebedürftige hingegen Verhinderungspflege nach § 39 SGB XI in Anspruch, erhält er nur maximal sechs Wochen die Hälfte des Pflegegeldes.

2.12 § 38 Kombination von Geldleistungen und Sachleistung (Kombinationsleistung)

Nimmt der Pflegebedürftige nicht die gesamten Sachleistungen in Anspruch, hat er die Möglichkeit, die sog. Kombinationsleistung zu wählen. Hier ist der monatliche Geldbetrag immer wieder aufs Neue zu berechnen und zwar nach prozentualer Verteilung. Allerdings ist der Pflegebedürftige für sechs Monate an seine Entscheidung gebunden. Nimmt der Pflegebedürftige beispielsweise 70 % der maximalen Sachleistung in Anspruch, verbleiben 30 % der Geldleistung. Diese Entscheidung ist nicht immer exakt

70/30 %, denn die Monate sind unterschiedlich lang und so ergeben sich leichte Differenzen bei den abzurechnenden Beträgen der Pflegedienste. Duscht ein Kunde beispielsweise einmal pro Woche, so hat er je nach Monat vier- oder fünfmal geduscht. Aber die prozentuale Verteilung muss für sechs Monate ähnlich verteilt bleiben. Tabelle 7 zeigt einige Beispiele für den Pflegegrad 3, maximal 1.298 Euro Sachleistung oder maximal 545 Euro Geldleistung.

Tab. 7: Kombinationsleistungen bei Pflegegrad 3

Sachleistungen Pflegedienst	Geldleistung für Pflegebedürftigen
128,90 Euro (= 10 %)	490,50 Euro (= 90 %)
257,80 Euro (= 20 %)	436,00 Euro (= 80 %)
386,70 Euro (= 30 %)	381,50 Euro (= 70 %)
515,60 Euro (= 40 %)	327,00 Euro (= 60 %)
644,50 Euro (= 50 %)	272,50 Euro (= 50 %)
773,40 Euro (= 60 %)	218,00 Euro (= 40 %)
902,30 Euro (= 70 %)	163,50 Euro (= 30 %)
1.031,20 Euro (= 80 %)	109,00 Euro (= 20 %)
1.160,10 Euro (= 90 %)	54,50 Euro (= 10 %)

An dieser Tabelle sehen Sie auch, dass die Kasse Geld spart, wenn statt Sachleistungen die Kombinationsleistung gewählt wird.

2.13 § 39 Häusliche Pflege bei Verhinderung der Pflegeperson

Die häusliche Pflege bei Verhinderung der Pflegeperson kann von jedem Pflegebedürftigen ab Pflegegrad 2 bei seiner Pflegekasse beantragt werden. Die Pflegekasse übernimmt die Kosten für die Ersatzpflege in bestimmter Höhe. »*Die Aufwendungen der Pflegekasse können sich im Kalenderjahr auf bis zu 1.612 Euro belaufen, wenn die Ersatzpflege durch andere Pflegepersonen sichergestellt wird als solche, die mit dem Pflegebedürftigen bis zum zweiten Grade verwandt oder verschwägert sind oder die mit ihm in häuslicher Gemeinschaft leben*«, heißt es in § 39 Absatz 1 Satz 3.

Das gilt für jene, die in häuslicher Gemeinschaft mit dem Pflegebedürftigen leben oder eng mit verwandt sind, d. h. im 1. Grad die Kinder und Eltern, im 2. Grad die Geschwister, Enkel und Großeltern. Bei Verwandtschaft 1. und 2. Grades wird »nur« das Pflegegeld gezahlt. Wenn der Pflegebedürftige im Kalenderjahr, in dem er die Verhinderungspflege in Anspruch nehmen möchte, keine Kurzzeitpflege nutzt, erhöht sich der Betrag für die Verhinderungspflege von 1.612 Euro um bis zu 806 Euro auf insgesamt bis zu 2.418 Euro pro Kalenderjahr. Während der Verhinderungspflege wird für bis zu sechs Wochen je Kalenderjahr die Hälfte des bisher bezogenen Pflegegeldes (§ 37 SGB XI) weiter gewährt.

2.14 § 40 Pflegehilfsmittel und wohnumfeldverbessernde Maßnahmen

»*(1) Pflegebedürftige haben Anspruch auf Versorgung mit Pflegehilfsmitteln, die zur Erleichterung der Pflege oder zur Linderung der Beschwerden des Pflegebedürftigen beitragen oder ihm eine selbstständigere Lebensführung ermöglichen, soweit die Hilfsmittel nicht wegen Krankheit oder Behinderung von der Krankenversicherung oder anderen zuständigen Leistungsträgern zu leisten sind. Die Pflegekasse überprüft die Notwendigkeit der Versorgung mit den beantragten Pflegehilfsmitteln unter Beteiligung einer Pflegefachkraft oder des Medizinischen Dienstes. Entscheiden sich Versicherte für eine Ausstattung des*

Pflegehilfsmittels, die über das Maß des Notwendigen hinausgeht, haben sie die Mehrkosten und die dadurch bedingten Folgekosten selbst zu tragen. § 33 Abs. 6 und 7 des Fünften Buches gilt entsprechend.«

Wichtig **Anspruch auf Pflegehilfsmittel**

Nur Pflegebedürftige im häuslichen Bereich haben Anspruch auf Pflegehilfsmittel, denn der § 40 gehört ausschließlich zu den häuslichen Leistungen. Pflegeheimbewohner haben diesen Anspruch nicht. Einzig Menschen in Wohngruppen können davon ebenso profitieren wie die Pflegebedürftigen zuhause.

2.14.1 Hilfsmittel oder Pflegehilfsmittel?

Immer wieder lehnen die Kassen Hilfsmittel oder Pflegehilfsmittel ab. Wodurch unterscheiden sich die beiden Hilfsmittel eigentlich und wer zahlt was? Die Hilfsmittel können Heimbewohner wie alle anderen Pflegebedürftigen von ihrer Krankenkasse erhalten. Die **Hilfsmittel** werden nach § 33 SGB V geregelt. **Pflegehilfsmittel** nach § 40 SGB XI stehen nur Pflegebedürftigen zuhause oder solchen, die in Wohngruppen leben, zu. Hilfsmittel und Pflegehilfsmittel möchte ich im Folgenden etwas näher beleuchten:

Hilfsmittel nach § 33 SGB V

Der Anspruch auf Leistungen der Krankenversicherung beinhaltet auch die Versorgung mit Hilfsmitteln, wobei einige Voraussetzungen erfüllt werden müssen:

Das **Hilfsmittel** muss

- notwendig sein,
- ärztlich verordnet sein,
- individuell sein,
- der Behandlung einer Krankheit oder
- dem Ausgleich einer Behinderung oder
- der Verhütung einer Krankheit nach § 23 SGB V und § 33 SGB V dienen.

Welche Hilfsmittel von der Krankenkasse bezahlt werden, erfahren Sie im Hilfsmittelverzeichnis.[10] Der Arzt muss das benötigte Hilfsmittel nicht mehr verschreiben. Stattdessen kann man sich direkt an den Medizinischen Dienst (MDK) wenden, z. B. im Rahmen einer Begutachtung. Das bedeutet aber nicht, dass Pflegebedürftige in Heimen bei der Verordnung von Hilfsmitteln ausgeschlossen sind. Jede Einrichtung hält gemäß § 75 SGB XI geeignete Hilfsmittel in ausreichender Zahl vor. Das Heim ist jedoch nicht verpflichtet, individuelle Hilfsmittel vorzuhalten. Diese kann man bei der Begutachtung über den Gutachter ansprechen. Empfiehlt der Gutachter ein Hilfsmittel, gilt dies als Notwendigkeit.

Wichtig **Hilfsmittel zur Behandlungspflege**

Hilfsmittel, die zur Behandlungspflege dienen, sind grundsätzlich nicht vom Pflegeheim vorzuhalten, sondern liegen im Zuständigkeitsbereich der Krankenkassen.

Die Hilfsmittelrichtlinie[11] sagt deutlich, was Hilfsmittel sind und unter welchen Voraussetzungen sie Kassenleistung sind: »*Hilfsmittel sind sächliche Mittel oder technische Produkte, die individuell gefertigt oder als serienmäßig hergestellte Ware in unverändertem Zustand oder als Basisprodukt mit entsprechender handwerklicher Zurichtung, Ergänzung bzw. Abänderung von den Leistungserbringern abgegeben werden.*

Dazu können auch solche sächlichen Mittel oder technischen Produkte zählen, die dazu dienen, Arzneimittel oder andere Therapeutika, die zur inneren Anwendung bestimmt sind, in den Körper zu bringen (z. B. bestimmte Spritzen oder Inhalationsgeräte).

---

10 https://www.gkv-spitzenverband.de/krankenversicherung/hilfsmittel/hilfsmittelverzeichnis/hilfsmittelverzeichnis.jsp

11 https://hilfsmittel.gkv-spitzenverband.de/HimiWeb/home.action

Gemäß den gesetzlichen Bestimmungen gehören zu den Hilfsmitteln

- *Sehhilfen (siehe Abschnitt B),*
- *Hörhilfen (siehe Abschnitt C),*
- *Körperersatzstücke,*
- *orthopädische und*
- *andere Hilfsmittel.*

Zu den Hilfsmitteln zählen auch Zubehörteile, ohne die die Basisprodukte nicht oder nicht zweckentsprechend betrieben werden können. Der Anspruch umfasst auch die notwendige Änderung, Instandsetzung und Ersatzbeschaffung von Hilfsmitteln, die Ausbildung in ihrem Gebrauch und, soweit zum Schutz der Versicherten vor unvertretbaren gesundheitlichen Risiken erforderlich, die nach dem Stand der Technik zur Erhaltung der Funktionsfähigkeit und der technischen Sicherheit notwendigen Wartungen und technischen Kontrollen.«

§ 3 der Hilfsmittelrichtlinie regelt den Versorgungsanspruch: *»Hilfsmittel können zu Lasten der Krankenkassen verordnet werden, wenn sie im Einzelfall erforderlich sind, um*

- *den Erfolg der Krankenbehandlung zu sichern,*
- *einer drohenden Behinderung vorzubeugen oder*
- *eine Behinderung bei der Befriedigung von Grundbedürfnissen des täglichen Lebens auszugleichen,*
- *eine Schwächung der Gesundheit, die in absehbarer Zeit voraussichtlich zu einer Krankheit führen würde, zu beseitigen,*
- *einer Gefährdung der gesundheitlichen Entwicklung eines Kindes entgegenzuwirken*
- *Krankheiten zu verhüten oder deren Verschlimmerung zu vermeiden,*
- *Pflegebedürftigkeit zu vermeiden, soweit die Hilfsmittel nicht als allgemeine Gebrauchsgegenstände des täglichen Lebens anzusehen oder durch Rechtsverordnung nach § 34 Absatz 4 SGB V ausgeschlossen sind.*

Bei der Verordnung von Hilfsmitteln sind die in § 26 Absatz 1 SGB IX genannten Rehabilitationsziele zu beachten, soweit eine Zuständigkeit der gesetzlichen Krankenversicherung besteht.« Die Krankenkasse hat also die Pflicht, ihre Versicherten auch im Heim mit Hilfsmitteln zu versorgen, wenn die o. g. Kriterien erfüllt sind.

Dass Hilfsmittel in einer stationären Pflegeeinrichtung nicht von der Krankenkasse erstattet werden, weil sie angeblich Sache der Pflegeeinrichtung sind, ist allerdings nicht automatisch gegeben. Hierzu gibt es einen Abgrenzungskatalog, der zwischen den Zuständigkeiten eines Heimes und den Kassen Klarheit schafft. Aber ungeachtet dieses Kataloges lehnen die Kassen z. B. die Erstattung ab, wenn sich ein Pflegebedürftiger nicht selbst mit dem Hilfsmittel fortbewegen kann. Oder wenn er seinen Wunsch nicht verbal eindeutig äußern kann. Dass die Leistungspflicht der Kasse auch für demenziell Erkrankte gilt, deren Wünsche wir nicht immer verstehen, macht ein Urteil des Landessozialgerichts Nordrhein-Westfalen deutlich (Urteil vom 8. 3. 2007, Az.: L 16 KR 204/06).

1. *»Benötigen Bewohner eines Pflegeheimes einen individuell angepassten Rollstuhl, um die eigenen Mobilitätswünsche umsetzen (lassen) zu können, so steht ihnen ein eigener Leistungsanspruch gemäß § 33 SGB V zu.*
2. *Auch in ihrer geistigen Leistungsfähigkeit deutlich eingeschränkte Heimbewohner sind ggf. in der Lage, dem eigenen Willen und der eigenen Stimmung Ausdruck zu verleihen.*

Das Landessozialgericht Nordrhein-Westfalen (LSG) verurteilte eine Krankenkasse zur Kostenerstattung für die Anschaffung eines Multifunktionsrollstuhls. Die beklagte Krankenkasse hatte die Kostenübernahme mit der Begründung abgelehnt, bei Unterbringung in einer stationären Pflegeeinrichtung seien nur solche Hilfsmittel zur Verfügung zu stellen, die nicht in die Sphäre der vollstationären Pflege fielen. Dabei ist nach der Rechtsprechung des Bundessozialgerichtes (BSG) Ausschlusskriterium für die Kostenübernahme, wenn der Versicherte wegen des Fehlens eigengesteuerter Bestimmungsmöglichkeiten quasi zum ›Objekt der Pflege‹ geworden ist. Zwar lagen bei dem Versicherten erhebliche Einschränkungen körperlicher und geistiger Art vor, der Versicherte konnte jedoch noch deutlich seinen Willen und seine Stimmung zum Ausdruck bringen. Dass es auch Stunden am Tage gegeben hatte, in denen der Versicherte nicht in der Lage war, seine Gefühle und Wünsche zu äußern, konnte nach der Entscheidung des LSG jedoch nicht dazu führen, dass ihm das Recht auf Verwirklichung des Grundbedürfnisses der Mobilität auch und gerade außerhalb der stationären Pflegeeinrichtung in Gänze abgesprochen werden kann.«[12]

[12] König J (2021): Was die PDL wissen muss. 9., akt. Auflage. Hannover: Schlütersche, S. 119

Ambulant gibt es sehr viel mehr Möglichkeiten der Verordnung eines Hilfsmittels. Schließlich müssen ambulante Dienste kaum etwas vorhalten und die Hilfsmittel im ambulanten Bereich sind automatisch individuell für den jeweiligen Kunden. Dennoch gibt es auch hier klare Regelungen für die Verordnungsfähigkeit, die durch die »Empfehlungen zur Hilfsmittelbegutachtung bei bestehender Pflegebedürftigkeit und häuslicher Pflege«[13] vom 8. Juni 2009 durch die gesetzlichen Krankenkassen gemeinsam mit dem MDS geregelt wurden. Des Weiteren gibt es neben der Verordnung von Hilfsmitteln über die Krankenkasse auch die Möglichkeit der Verordnung von Pflegehilfsmitteln im häuslichen Bereich.

Ambulante Pflegehilfsmittel

Pflegehilfsmittel sind ebenfalls nur als individuelles Hilfsmittel eine Leistung der Pflegekasse. Eine weitere Voraussetzung ist, dass der Leistungsempfänger pflegebedürftig im Sinne des Gesetzes (§ 14 SGB XI) ist.

Definition **Pflegehilfsmittel**

Pflegehilfsmittel sollen nach § 40 SGB XI

- die Pflege erleichtern,
- Beschwerden lindern oder
- ein selbstständigeres Leben ermöglichen.

Es gibt bei den Pflegehilfsmitteln sog. **zum Verbrauch bestimmte Pflegehilfsmittel** und **technische Pflegehilfsmittel**. Zu den zum Verbrauch bestimmten Pflegehilfsmitteln zählen z. B. Desinfektionsmittel, Einmalhandschuhe, Bettschutzeinlagen. Die Aufwendungen der Pflegekassen für diese Art von Pflegehilfsmitteln dürfen den Betrag von 40 Euro pro Monat nicht übersteigen. Die Kasse kann den Betrag auch in Form einer Kostenerstattung leisten.

Stellt der MDK schon bei der Begutachtung fest, dass zum Verbrauch bestimmte Pflegehilfsmittel benötigt werden, können die 40 Euro von der

[13] MDS & GKV (2009). Empfehlungen zur Hilfsmittelbegutachtung bei bestehender Pflegebedürftigkeit und häuslicher Pflege. Essen

Pflegekasse zum Monatsanfang überwiesen werden. Zu den technischen Pflegehilfsmitteln zählen z. B. Hausnotrufgeräte, Pflegebetten, aber auch Rollstühle, Hebehilfen und technische Küchengeräte, sofern sie nicht einen üblicherweise gebräuchlichen Haushaltsgegenstand darstellen. Der Anspruch auf Pflegehilfsmittel umfasst auch die notwendige Änderung, Instandsetzung und Ersatzbeschaffung von Pflegehilfsmitteln sowie die Ausbildung in deren Gebrauch.

Ablehnung durch die Kassen

Wie kommt es nun zu Ablehnungen, wenn der Gesetzgeber eine Finanzierung oder auch Bereitstellung im Sinne einer Leihgabe grundsätzlich vorsieht?

Info

Warum Kassen ablehnen:

- Das Pflegehilfsmittel dient der Arbeitserleichterung für die Pflegekraft.
- Der Pflegebedürftige kann das Hilfsmittel nicht selbst bedienen.
- Das Pflegehilfsmittel dient nur der Vorbeugung.
- Das Pflegehilfsmittel ist nicht individuell.

Die Ablehnung mit der Begründung, dass das Hilfsmittel die Pflege erleichtere, ist rechtens, denn die Krankenkasse ist lediglich verpflichtet, Hilfsmittel zu zahlen, die der Beseitigung einer Krankheit dienen oder eine Behinderung ausgleichen. Teilweise liegt eine Ablehnung aber auch an der Diagnosestellung auf dem Rezept. Schreibt ein Arzt ein Rezept für einen Rollstuhl und die Diagnose lautet: HOPS (Hirnorganisches Psychosyndrom), so sieht das für die Kasse so aus, als wäre es für die Pflegekräfte einfacher, diesen Menschen in einem Rollstuhl zu bewegen. Denn bei HOPS dient dieses Hilfsmittel weder der Beseitigung der Krankheit noch dem Ausgleich einer Behinderung. Also sollte der Arzt darauf hingewiesen werden, die richtige Diagnose, die einen der beiden Aspekte des § 33 SGB V erfüllt, niederzuschreiben.

Eine Ablehnung mit der Begründung, der Pflegebedürftige könne ein Gerät nicht selbst bedienen oder könne am Leben nicht mehr teilnehmen, ist aus Sicht der Krankenkassen ebenso korrekt wie die Aussage, es handle sich um eine Vorbeugung. Als Beteiligter im Pflegeprozess stellt man sich da die Frage nach dem Sinn. Tatsächlich müsste man rein formal erst warten, bis ein Dekubitus entsteht, **bevor** der Pflegebedürftige eine geeignete Wechseldruck-Matratze bekommt. Die Krankenkasse ist nur dazu da, solche Hilfsmittel zu finanzieren, die eine bestehende Krankheit beseitigen (ein drohendes Druckgeschwür ist keine Krankheit) oder eine Behinderung ausgleichen.

Vergleicht man die Leistungsvoraussetzungen der Krankenkasse mit denen der Pflegekasse, so zeigt sich, dass sich beide Versicherungen wunderbar ergänzen. Hilfsmittelanforderungen, die von der Krankenkasse abgelehnt werden, können manchmal sogar mit der Begründung aus dem ablehnenden Bescheid direkt an die Pflegekasse weitergeleitet werden. Liest man die beiden Gesetzestexte, finden sich Lücken, die es zu nutzen gilt (▶ Tab. 8).

Tab. 8: Hilfsmittel und Pflegehilfsmittel

Hilfsmittel nach § 33 SGB V	Pflegehilfsmittel nach § 40 SGB XI
»Versicherte haben Anspruch auf Versorgung mit Hörhilfen, Körperersatzstücken, orthopädischen und anderen Hilfsmitteln, die im Einzelfall erforderlich sind, um den Erfolg der Krankenbehandlung zu sichern, einer drohenden Behinderung vorzubeugen oder eine Behinderung auszugleichen* soweit die Hilfsmittel nicht als Allgemeine Gebrauchsgegenstände des täglichen Lebens anzusehen oder nach § 34 Abs. 4 ausgeschlossen sind.	»Pflegebedürftige habe Anspruch auf Versorgung mit Pflegehilfsmitteln, die zur Erleichterung der Pflege oder zur Linderung der Beschwerden des Pflegebedürftigen beitragen oder ihm eine selbstständigere Lebensführung ermöglichen** soweit die Hilfsmittel nicht wegen Krankheit oder Behinderung von der Krankenversicherung oder anderen zuständigen Leistungsträgern zu leisten sind.«
Der Anspruch auf Versorgung mit Hilfsmitteln zum Behinderungsausgleich hängt bei stationärer Pflege nicht davon ab, in welchem Umfang eine Teilhabe am Leben der Gemeinschaft noch möglich ist …«	

* Sozialgesetzbuch V, zuletzt geändert durch Art. 1 G v. 22.12.2013 I 4382
** Sozialgesetzbuch XI, zuletzt geändert durch Art. 2a G v. 15.7.2013 I 2423

Es ist also wichtig, den ablehnenden Bescheid aufmerksam zu lesen und als Begründung für einen Widerspruch heranzuziehen. Weiter heißt es im § 40 Absatz 2 SDGB XI: »*Die Aufwendungen der Pflegekassen für zum Verbrauch bestimmte Pflegehilfsmittel dürfen monatlich den Betrag von 40 Euro nicht übersteigen. Die Leistung kann auch in Form einer Kostenerstattung erbracht werden.*

(3) Die Pflegekassen sollen technische Pflegehilfsmittel in allen geeigneten Fällen vorrangig leihweise überlassen. Sie können die Bewilligung davon abhängig machen, daß die Pflegebedürftigen sich das Pflegehilfsmittel anpassen oder sich selbst oder die Pflegeperson in seinem Gebrauch ausbilden lassen. Der Anspruch umfaßt auch die notwendige Änderung, Instandsetzung und Ersatzbeschaffung von Pflegehilfsmitteln sowie die Ausbildung in ihrem Gebrauch. Versicherte, die das 18. Lebensjahr vollendet haben, haben zu den Kosten der Pflegehilfsmittel mit Ausnahme der Pflegehilfsmittel nach Absatz 2 eine Zuzahlung von zehn vom Hundert, höchstens jedoch 25 Euro je Pflegehilfsmittel an die abgebende Stelle zu leisten. Zur Vermeidung von Härten kann die Pflegekasse den Versicherten in entsprechender Anwendung des § 62 Abs. 1 Satz 1, 2 und 6 sowie Abs. 2 und 3 des Fünften Buches ganz oder teilweise von der Zuzahlung befreien. Versicherte, die die für sie geltende Belastungsgrenze nach § 62 des Fünften Buches erreicht haben oder unter Berücksichtigung der Zuzahlung nach Satz 4 erreichen, sind hinsichtlich des die Belastungsgrenze überschreitenden Betrags von der Zuzahlung nach diesem Buch befreit. Lehnen Versicherte die leihweise Überlassung eines Pflegehilfsmittels ohne zwingenden Grund ab, haben sie die Kosten des Pflegehilfsmittels in vollem Umfang selbst zu tragen.«

Wohnumfeldverbessernde Maßnahmen

Die Wohnraumanpassung ist im § 40 Absatz 4 geregelt: »*Die Pflegekassen können subsidiär finanzielle Zuschüsse für Maßnahmen zur Verbesserung des individuellen Wohnumfeldes des Pflegebedürftigen gewähren, beispielsweise für technische Hilfen im Haushalt, wenn dadurch im Einzelfall die häusliche Pflege ermöglicht oder erheblich erleichtert oder eine möglichst selbstständige Lebensführung des Pflegebedürftigen wiederhergestellt wird. Die Zuschüsse dürfen einen Betrag in Höhe von 4.000 Euro je Maßnahme nicht übersteigen. Leben mehrere Pflegebedürftige in einer gemeinsamen Wohnung, dürfen die Zuschüsse für Maßnahmen zur Verbesserung des gemeinsamen Wohnumfeldes einen Betrag in Höhe von 4.000 Euro je Pflegebedürftigem nicht übersteigen. Der*

Gesamtbetrag je Maßnahme nach Satz 3 ist auf 16.000 Euro begrenzt und wird bei mehr als vier Anspruchsberechtigten anteilig auf die Versicherungsträger der Anspruchsberechtigten aufgeteilt.«

Wohnumfeldverbessernde Maßnahmen: Verbreitern von Türen, um mit dem Rollstuhl hindurchfahren zu können; Schwellen abzutragen, den Boden zu begradigen, eine Dusche ebenerdig zu machen, einen Ausgang zu schaffen, eine Wand zu versetzen etc.

Tipp
Jede Maßnahme kann mit bis zu 4.000 Euro bezuschusst werden. Dieser Anspruch besteht nicht nur einmal im Jahr!

2.15 § 41 Tagespflege und Nachtpflege

Eine weitere Leistung aus dem Pflegeversicherungsgesetz ist die Tages- und Nachtpflege. Dieses Leistungsspektrum wurde lange Zeit in Deutschland nicht ausreichend ausgeschöpft. Vielleicht blieb den pflegenden Angehörigen einfach zu wenig Handlungsspielraum oder ihre eigenen Leistungen traten gegenüber der Tages- und Nachtpflege in den Hintergrund oder die Finanzierung erschien ihnen nicht lukrativ genug. 2009 traten wesentliche Verbesserungen für die Nutzung der Einrichtungen der Tages- und Nachtpflege in Kraft. Die Finanzierung dieser teilstationären Leistung wurde reformiert und die Sätze der Tagespflege wurden 2013 und zuletzt 2015 angepasst auf. Sie werden ab dem 1. Januar 2017 an die Pflegegrade angepasst (▶ Tab. 9).

Tab. 9: Sätze der Tagespflege in den einzelnen Pflegegraden

Pflegegrad	Leistung der Tagespflege
1	125 Euro*
2	689 Euro
3	1.298 Euro
4	1.612 Euro
5	1.995 Euro

* als sog. Entlastungsleistung

Darüber hinaus brachte das PNG (Pflege-Neuausrichtungs-Gesetz von 2012) schon klare Verbesserungen. Bei Nutzung einer Tages- oder Nachtpflegeeinrichtung kann der Pflegebedürftige gleichzeitig Pflegegeld oder Sachleistungen vom Pflegedienst erhalten. Die Gesamtsumme wurde auf bis zu 150 % erhöht. Durch das PSG I wurde die Tagespflege weiter gestärkt und ist ohne Anrechnung der ambulanten Sachleistungen abrechenbar. Wer ambulant beispielsweise Grad 3 hat, kann für bis zu 1.298 Euro im Monat Sachleistungen abrufen und den gesamten Betrag noch einmal für die Tagespflege einsetzen.

Der Satz »ambulant vor stationär« wurde erst mit dem PSG zur Wirklichkeit.

Von den Leistungen der Pflegeversicherung können auch die Fahrtkosten zur Beförderung des Pflegebedürftigen von der Wohnung zur Einrichtung der Tagespflege oder der Nachtpflege und zurück beglichen werden.

Pflegegrad 2:

- 344,50 Euro (= 50 %) Sachleistung,
  bleiben 316 Euro (= 100 %) Geldleistung
- 482,30 Euro (= 70 % der Tagespflegeleistung),
  bleiben 252,80 Euro Pflegegeld (= 80 % der maximalen Geldleistung)
- 689 EUR (= 100 %),
  bleiben 158 Euro Pflegegeld (= 50 % der max. Geldleistung)

Pflegegrad 3:

- 649 Euro (= 50 %) Sachleistung,
  bleiben 545 Euro (= 100 %) Geldleistung
- 908,60 Euro (= 70 % der Tagespflegeleistung),
  bleiben 436 Euro Pflegegeld (= 80 % der maximalen Geldleistung)
- 1.298 Euro (= 100 % der Sachleistung),
  bleiben 272,50 Euro Pflegegeld (= 50 % der Geldleistung)

Pflegegrad 4:

- 806 Euro (= 50 %) Sachleistung,
  bleiben 728 Euro (= 100 %) Geldleistung
- 1.128,40 Euro (= 70 % der Tagespflegeleistung),
  bleiben 582,40 Euro Pflegegeld (= 80 % der maximalen Geldleistung)
- 1.612 Euro (= 100 % der Sachleistung),
  bleiben 364 Euro Pflegegeld (= 50 % der Geldleistung)

Pflegegrad 5:

- 997,50 Euro (= 50 %) Sachleistung,
  bleiben 901 Euro (= 100 %) Geldleistung
- 1.396,50 Euro (= 70 % der Tagespflegeleistung),
  bleiben 720,80 Euro Pflegegeld (= 80 % der maximalen Geldleistung)
- 1.995 Euro (= 100 % der Sachleistung),
  bleiben 450,50 Euro Pflegegeld (= 50 % der Geldleistung)

Gleiches gilt für die Nutzung einer Tages- oder Nachtpflegeeinrichtung und dem Bezug von Sachleistung durch die Inanspruchnahme eines Pflegedienstes. Wenn ein Pflegebedürftiger zu Hause einen ambulanten Dienst einbestellt und gleichzeitig Pflegegeld möchte, kann er zusätzlich die Tages- oder Nachtpflegeeinrichtung besuchen. Auch hier beträgt die maximale Abrechnungsleistung 150 %. Zunächst wird die Rechnung des ambulanten Dienstes ermittelt (in Prozent). Danach die Leistungen der Tages-/Nachtpflegeinrichtung, ebenfalls in Prozent. Diese Summe zieht man dann von den 150 % ab: Das ist das anteilige Pflegegeld. Von den Leistungen der Pflegeversicherung können auch die Fahrtkosten zur Beförderung des Pflegebedürftigen von der Wohnung zur Einrichtung der Tagespflege oder der Nachtpflege und zurück beglichen werden. 2

2.16 § 42 Kurzzeitpflege

Eine weitere Möglichkeit, die Pflege trotz Verhinderung der Pflegeperson zu leisten, ist ein Aufenthalt in der Kurzzeitpflege. Auch hier gilt: Die Pflegekasse übernimmt die entstehenden Kosten (für Pflege, Betreuung, Behandlung, nicht aber für Unterkunft und Verpflegung) bis zu einem maximalen Betrag von derzeit 1.612 Euro pro Kalenderjahr für maximal acht Wochen, wenn keine Verhinderungspflege in Anspruch genommen wird. Wenn der Pflegebedürftige in dem Kalenderjahr, in dem er die Kurzzeitpflege in Anspruch nehmen möchte, keine Verhinderungspflege nutzt, erhöht sich der Betrag von 1.612 Euro um bis zu 1.612 Euro auf insgesamt bis zu 3.224 Euro pro Kalenderjahr für die Kurzzeitpflege.

Wichtig **Kurzzeitpflege ist eine sehr sinnvolle Einrichtung**

Aber einigen Versicherten ist nicht klar, dass bei Inanspruchnahme dieser Leistung nicht alle Kosten gedeckt werden. Die Pflegekasse kommt, wie zu Hause auch, nur für den pflegerelevanten Anteil auf – bis zum Maximalbetrag von 1.612 Euro. Die Kosten für die Unterkunft, Verpflegung, Wäscheversorgung bleiben beim Versicherten, ganz wie zu Hause auch. Zudem wird das Pflegegeld in der Kurzzeitpflege zu 50 % weitergezahlt, ebenfalls für maximal acht Wochen.

2.17 § 43 Vollstationäre Pflege

Für die Pflege in einer vollstationären Einrichtung werden dem Pflegebedürftigen festgelegte Beträge pro Pflegegrad ausgezahlt (▶ Tab. 10).

Tab. 10: Leistungen der Pflegeversicherung bei vollstationärer Pflege

Pflegegrad	Monatlicher Pauschalbetrag
1	125 Euro*
2	770 Euro
3	1.262 Euro
4	1.775 Euro
5	2.005 Euro
* als sog. Entlastungsleistung	

Wir sehen anhand dieser Tabelle im Vergleich zu den Leistungen der ambulanten und Tagespflege keinen großen Unterschied mehr, was die Gelder betrifft (▶ Tab. 11).

Tab. 11: Leistungen der ambulanten und stationären Tagespflege im Vergleich

Pflegegrad	stationär	ambulant
1	125 Euro*	125 Euro*
2	770 Euro	689 Euro
3	1.262 Euro	1.298 Euro
4	1.775 Euro	1.612 Euro
5	2.005 Euro	1.995 Euro
* als sog. Entlastungsleistung		

Allerdings kommen ambulant noch die Leistungen der Tagespflege, die wohnumfeldverbessernden Maßnahmen, die 40 Euro monatlich für zum Verbrauch bestimmten Pflegehilfsmittel, die Beratungs- und Entlastungsleistungen und die Behandlungspflege hinzu. Sieht man diese Leistungen, stellt sich Frage: Ist die stationäre Pflege wirklich teuer? 2

2.17.1 Ist die stationäre Pflege wirklich teuer?

Betrachten wir die Kosten für einen Pflegebedürftigen mit Pflegegrad 3 bei einer stationären Unterbringung. Er bezahlt im Bundesdurchschnitt ein Heimentgelt von ca. 2.795 Euro im Monat (Umrechnung aus Heimkosten nach Stufen[14]). In diesem Entgelt ist alles drin: Pflege, Behandlungspflege, Beschäftigung, Betreuung, Wäscheversorgung, Mahlzeiten inklusive Getränke, Bereitstellung von Mobiliar, Miete und alle Nebenkosten. Von diesen 2.795 Euro kann man den Zuschuss der Pflegekasse (1.262 Euro/Monat) abziehen, verbleibt ein Eigenanteil von 1.533 Euro/Monat für ein All-inclusive-Paket. Das sind auf den Tag gerechnet knapp 50 Euro. Was kann sich jemand in der ambulanten Pflege für diesen Betrag leisten? Im 2012 veröffentlichten Pflegereport der Barmer GEK Krankenkasse wird eindeutig festgestellt, dass Pflegebedürftige in Deutschland im Schnitt mehr als 37.000 EUR ihrer Pflegekosten vom Beginn ihrer Pflegebedürftigkeit bis zum Tod selbst übernehmen müssen. Hierbei müssen rund 31.000 EUR für Heimkosten und rund 6.000 EUR für ambulante Pflege aufgebracht werden, wobei die Pflegekasse nur wenig mehr als die Hälfte der Gesamtkosten übernimmt, nämlich rund 33.000 EUR. In einem direkten Vergleich zwischen Kosten der ambulanten Versorgung und einem Pflegeheim kann man zudem feststellen, dass die Leistungen ambulant, im direkten Vergleich, deutlich höher sind als die Heimkosten (▶ Tab. 12).

[14] https://www.richter-kaaden.de/pflegeheimkosten-bundeslaender/

Tab. 12: Kostenbeispiel – Monatliche Kosten bei Pflegegrad 3

Leistung	Ambulant	Stationär
Investitionskosten, Mobiliar	35 Euro	400 Euro
Miete (1 Zimmer, Küche, Bad) und Nebenkosten	450 Euro	800 Euro
Verpflegung (Nahrungsmittel)	150 Euro	300 Euro
Behandlungspflege	0 Euro*	0 Euro**
Pflegerelevanter Anteil	**1.200 Euro für rund 1 Std. am Tag**	**1.800 Euro für rund um die Uhr**
Betreuung, Beschäftigung	1.000 Euro (1 Std. am Tag)	täglich mehrere Stunden
Hauswirtschaft (Kochen, Waschen Bügeln, Putzen)	900 Euro (1,5 Std. am Tag)	Bestandteil der Unterkunft/Verpflegung
Gesamtkosten	3.735 Euro	3.300 Euro
Pflegekasse unterstützt finanziell	1.298 Euro Sachleistung	1.262 Euro Sachleistung
Kosten für den Versicherten	**2.437 Euro**	**2.038 Euro**
Zusätzlich möglich:		
Pflegekasse unterstützt finanziell bei eingeschränkter Alltagskompetenz	125 Euro	140 Euro (im Schnitt)

* Wird über SGB V als häusliche Krankenpflege abgerechnet

** Ist stationär nicht gesondert ausgewiesen, sondern Bestandteil des pflegerelevanten Anteils

Fazit Stationär ist nicht immer teurer

Wer ambulant eine Stunde pro Tag Pflege, eine weitere Stunde pro Tag Betreuung sowie 1,5 Stunden pro Tag Hauswirtschaft benötigt, muss fast 400 Euro mehr bezahlen als jemand, der in einem Heim wohnt.

Ambulant ist also nur dann günstiger als stationär, wenn man wenig Hilfe benötigt oder bereit ist, Äpfel mit Birnen zu vergleichen.

2.18 § 43b Zusätzliche Betreuung und Aktivierung in teil- und vollstationären Pflegeeinrichtungen

§ 43b SGB XI ist neu. Er wurde geschaffen, weil es den § 87b seit 1. Januar 2017 nicht mehr gibt. Die Kunde dieser Streichung hat in der Pflegelandschaft für Aufruhr gesorgt und man musste sich quer durch das Gesetz lesen, um die Lösung dafür zu finden. § 87b war bisher eine freiwillige Sache einer Einrichtung. Sie konnte nach § 87b Kräfte einstellen oder nicht. Sie konnte bis 2016 für die Bewohner die Betreuungsentgelte mit den Kassen verhandeln und für einzelne Bewohner beantragen oder nicht. Ich kenne einige Einrichtungen, die das nicht getan haben, weil sie keinen wirklichen Vorteil in den § 87b-Kräften sahen. Oder weil sie Bedenken hatten, die richtigen Kräfte zu finden sowie die Qualifizierungen sowie Fortbildungen scheuten.

Damit ist seit 1. Januar 2017 Schluss. Jeder Bewohner eines Heimes hat seit diesem Tag Anspruch auf eine zusätzliche Betreuung. Ob das Heim möchte oder nicht, es muss entsprechende Kräfte einstellen. Der Gesetzgeber sichert jedem Heimbewohner und jedem Tagespflegegast diese zusätzliche Betreuung zu, ohne dass der Kunde oder die Sozialhilfe dadurch belastet sein dürfen. Das Geld für diese Personen muss die Einrichtung nach § 85 Absatz 8 SGB XI verhandeln. Für diese zusätzliche Betreuung, die nicht als Regelleistung gemäß Versorgungsvertrag gilt, kann ein Vergütungszuschlag pro Bewohner von maximal 5 % der Personalaufwendung verhandelt und finanziert werden. Das gilt uneingeschränkt auch für die teilstationäre Pflege, also für die Tages- und Nachtpflege.

Info

Die Richtlinie für die zusätzlichen Betreuungskräfte wird gemäß § 53 SGB XI, was die Qualifikation von Betreuungskräften betrifft, von den Kassen erlassen. (Die sog. »Betreuungskräfte-RL« können Sie auf den Seiten der GKV* herunterladen).

* https://www.gkv-spitzenverband.de/pflegeversicherung/beratung_und_betreuung/betreuungskraefte_nach_87_b_sgb_xi/betreuungskraefte_nach_87_b_sgb_xi.jsp

2.19 § 44 Leistungen zur sozialen Sicherung der Pflegepersonen

Jeder, der einen Pflegebedürftigen (im Sinne des Gesetzes) pflegt, hat Anspruch auf soziale Sicherung nach § 44 SGB XI. Eine Ausnahme bilden Nichterwerbstätige sowie Menschen, die bereits mehr als 30 Stunden wöchentlich beschäftigt sind, sowie Rentner und Personen, die das 65. Lebensjahr überschritten haben und nicht rentenversicherungspflichtig sind. Ab Pflegegrad 2 wird die Pflegeperson (ambulant) rentenversichert. Die Zahl der pflichtversicherten Pflegepersonen in der gesetzlichen Rentenversicherung[15]:

- 1995: 394.000
- 2000: 554.000
- 2007: 440.000
- 2013: 414.000
- 2019: 1.083.723

[15] https://www.bundesgesundheitsministerium.de/themen/pflege/pflegeversicherung-zahlen-und-fakten.html

Die Zahl der von Laien ambulant versorgten Pflegebedürftigen war zwischenzeitlich sogar geringer gestiegen als die der Pflegebedürftigen, die professionell ambulant oder stationär versorgt wurden. Auch die Zahl der Pflegeheime steigt weiter stetig an, die Zahl der ambulanten Dienste nur wenig bzw. ist nahezu stabil seit dem Jahr 2017. Es gab Ende 2019 rund 14.688 ambulante Dienste und mittlerweile 15.380 stationäre Einrichtungen.[16]

Die Leistungen nach § 44 SGB XI enden, wenn die Pflege des Pflegebedürftigen endet. Danach kann beim Arbeitsamt ein Antrag auf Leistungen nach § 46 Arbeitsförderungsgesetz gestellt werden, der sog. »Anspruch auf Unterhaltsgeld«. Das Pflegegeld hat keinen Einfluss auf die Sozialhilfe und ist nicht einkommensteuerpflichtig. So erneut entschieden durch die Oberfinanzdirektion Frankfurt (OFD Frankfurt, 12. 7. 2013, S 2342 A – 75 – St 213). Die Beiträge zur Pflegeversicherung sind hingegen nach § 10 EstG (Einkommensteuergesetz) abzugsfähig.

Beitragspflichtige Einnahmen

Beitragspflichtige Einnahmen sind ab 2017 bei (nicht erwerbsmäßig tätigen) Pflegepersonen wie folgt zu bewerten: Bei Pflege einer

- pflegebedürftigen Person des Pflegegrades 5
  - 100 vom Hundert der Bezugsgröße,
    wenn die pflegebedürftige Person Pflegegeld bezieht,
  - 85 vom Hundert der Bezugsgröße,
    wenn die pflegebedürftige Person Kombinationsleistungen bezieht,
  - 70 vom Hundert der Bezugsgröße,
    wenn die pflegebedürftige Person Pflegesachleistungen bezieht,
- pflegebedürftigen Person des Pflegegrades 4
  - 70 vom Hundert der Bezugsgröße,
    wenn die pflegebedürftige Person Pflegegeld bezieht,
  - 59,5 vom Hundert der Bezugsgröße,
    wenn die pflegebedürftige Person Kombinationsleistungen bezieht,
  - 49 vom Hundert der Bezugsgröße,
    wenn die pflegebedürftige Person Pflegesachleistungen bezieht,

[16] Ebd.

- pflegebedürftigen Person des Pflegegrades 3
  - 43 vom Hundert der Bezugsgröße, wenn die pflegebedürftige Person Pflegegeld bezieht,
  - 36,55 vom Hundert der Bezugsgröße, wenn die pflegebedürftige Person Kombinationsleistungen bezieht,
  - 30,1 vom Hundert der Bezugsgröße, wenn die pflegebedürftige Person Pflegesachleistungen bezieht,
- pflegebedürftigen Person des Pflegegrades 2
  - 27 vom Hundert der Bezugsgröße, wenn die pflegebedürftige Person Pflegegeld bezieht,
  - 22,95 vom Hundert der Bezugsgröße, wenn die pflegebedürftige Person Kombinationsleistungen bezieht,
  - 18,9 vom Hundert der Bezugsgröße, wenn die pflegebedürftige Person Pflegesachleistungen bezieht.

Arbeitslosenversicherung der Pflegeperson

Pflegepersonen sind ab 2017 nach SGB III in der Arbeitslosenversicherung versichert, sofern sie nicht schon wegen Berufstätigkeit sozialversichert sind. Dabei ist unbedingt zu beachten, dass nach § 26 SGB III unmittelbar vor der Pflegetätigkeit eine Versicherungspflicht in der Arbeitslosenversicherung bestanden haben muss oder eine Leistung nach dem SGB III (z. B. Arbeitslosengeld) bezogen wurde.

2.20 § 44 a Zusätzliche Leistungen bei Pflegezeit und kurzzeitiger Arbeitsverhinderung

Ein wichtiger Baustein in der Pflegeversicherung ist die Pflegezeit. Arbeitnehmer, die in Betrieben mit mehr als 15 Mitarbeitern arbeiten, können Pflegezeit beantragen. Voraussetzung ist, sie pflegen einen nahen Angehörigen im häuslichen Bereich. Die Pflegezeit beträgt maximal sechs Monate, für die sich Arbeitnehmer für die Pflege zuhause von der Arbeit freistellen lassen können. Entweder komplett oder teilweise. Der Lohn wird einem natürlich nicht erstattet, man kann maximal ein zinsloses Darlehen vom Bund erwarten. Bei kurzfristiger Arbeitsverhinderung gemäß Pflegezeitgesetz § 2 wird man bis zu 10 Tagen von der Arbeit freigestellt, wenn ein naher Angehöriger bspw. plötzlich pflegebedürftig wird. Diese bis zu 10 Tage sind wichtig, damit der Arbeitnehmer in dieser Zeit alles rund um den Pflegebedürftigen regeln kann. Der Arbeitgeber zahlt während dieser Zeit keinen Lohn, sondern die Pflegekasse des Pflegebedürftigen zahlt das sog. Pflegeunterstützungsgeld.

2.21 § 45a Angebote zur Unterstützung im Alltag, Umwandlung des ambulanten Sachleistungsbetrags (Umwandlungsanspruch), Verordnungsermächtigung

Bereits seit einiger Zeit können ambulant versorgte Pflegebedürftige eine Kostenerstattung zum Ersatz von Aufwendungen für Leistungen zur Unterstützung im Alltag unter Anrechnung auf ihren Anspruch auf ambulante Pflegesachleistungen erhalten, soweit für den entsprechenden Leistungsbetrag nach § 36 SGB XI in dem jeweiligen Kalendermonat keine ambulanten Pflegesachleistungen bezogen wurden. Der Betrag darf pro Kalendermonat 40 % des Sachleistungshöchstbetrages nicht überschreiten. Der Pflegebedürftige muss hierfür einen Antrag stellen. Die Kasse prüft zunächst die ambulanten Pflegesachleistungen nach § 36 SGB XI, denn diese sind vorrangig abzurechnen. Im Rahmen der Kombinationsleistung nach § 38 SGB XI gilt die Erstattung der Aufwendungen als Inanspruchnahme der Sachleistung. Die Inanspruchnahme nach § 45a wird unabhängig vom Anspruch auf zusätzliche Betreuungsleistungen nach § 45b SGB XI betrachtet und als sog. **Umwandlungsleistung** betrachtet.

Fazit

Der Pflegebedürftige kann also entscheiden, wie er die anerkannten Unterstützungsangebote im Alltag (ehemals niedrigschwellige Betreuungs- und Entlastungsleistungen) finanzieren möchte.
Er kann zwischen Leistungen nach §45a und §45b frei wählen ohne Einschränkung.

2.21.1 § 45b Entlastungsbetrag

Pflegebedürftige in der Häuslichkeit haben Anspruch auf einen Entlastungsbetrag in Höhe von bis zu 125 Euro im Monat. Der Betrag wird nicht bar ausgezahlt, sondern dient der Erstattung von Aufwendungen im Zusammenhang mit der Inanspruchnahme von

- Leistungen der Tages- oder Nachtpflege,
- Leistungen der Kurzzeitpflege,
- Sachleistungen der ambulanten Pflegedienste in den Pflegegraden 2 bis 5 jedoch nicht für die Leistung körperbezogener Pflegemaßnahmen (= Modul Selbstversorgung im BI),
- Leistungen wie anerkannten Angebote zur Unterstützung im Alltag nach § 45a SGB XI.

Die Erstattung der Aufwendungen erfolgt auch, wenn für die Finanzierung der genannten Leistungen im Übrigen Mittel der Verhinderungspflege eingesetzt werden. Die oben aufgeführte Leistung wird pro Kalenderjahr gerechnet. Wird die Leistung in einem Kalenderjahr nicht ausgeschöpft, kann der nicht verbrauchte Betrag wie bisher in das folgende Kalenderhalbjahr übertragen werden.

3 Die Begutachtung

3.1 Aus MDK wird MD

Der MDK (Medizinischer Dienst der Krankenversicherung) soll bald nicht mehr so heißen. Das Gesetz für bessere und unabhängigere Prüfungen vom 14. 12. 2019, ist pandemiebedingt noch immer nicht umgesetzt (bei Redaktionsschluss Stand: Juni 2021). Warum ist das nötig? Weil MDK-Geschäftsstellen teilweise Kassenvertreter in ihren Vorständen sitzen hatten, obwohl der Gesetzgeber ursprünglich auf die Unabhängigkeit des MDK zu den Kassen gepocht hatte. Das ist offenbar in den letzten Jahren immer weniger gelungen. Und so sagte Jens Spahn im Juni 2021: *»Die Patientinnen und Patienten müssen sich darauf verlassen können, dass der Medizinische Dienst neutral prüft und handelt. Um effektiv, glaubwürdig und handlungsfähig zu bleiben, wird der Medizinische Dienst daher unabhängig von den Krankenkassen organisiert. Auch bei den Krankenhausabrechnungen sorgen wir für mehr Transparenz. Gezieltere Prüfungen lassen mehr Zeit für eine gute Versorgung«.* [17]

Gemäß § 278 soll in jedem Bundesland ein MD (Medizinischer Dienst) entstehen, der Körperschaft des öffentlichen Rechts wird. Dieser bedarf der Zustimmung der zuständigen Aufsichtsbehörden der Länder. Das wird ein Hickhack, wenn das so kommen sollte. Der MD wäre dann, ebenso wie die Heimaufsicht, beim Land angesiedelt. Waren sich die beiden Parteien schon in der Vergangenheit nicht immer einig, werden sie jetzt umso mehr um ihre Vormachtstellung kämpfen müssen. Wird der MD vielleicht sogar bei der Heimaufsicht angesiedelt? Wird der MD zugunsten der für die Heim-

[17] https://www.bundesgesundheitsministerium.de/mdk-reformgesetz.html Zugriff 14.6.2021

aufsicht zuständigen Behörden aufgegeben? Oder arbeiten MD und Heimaufsicht künftig Hand in Hand, weil sie den gleichen Arbeitgeber – das Land – haben?

Wir dürfen gespannt sein, wie diese Gesetzesnovelle umgesetzt wird, vor 2022 wird das voraussichtlich nichts werden.

3.2 Aufgaben des MDK

Der Medizinische Dienst der Krankenversicherung (MDK) hat verschiedene Aufgabenfelder, die durch Richtlinien des Medizinischen Dienstes des Spitzenverbandes Bund der Krankenkassen (MDS) geregelt werden. Dazu gehört die Mithilfe bei:

- Feststellung der Arbeitsunfähigkeit,
- Bewilligung von Arzneimitteln,
- Neuen Untersuchungs- und Behandlungsmethoden,
- Überprüfung stationärer Krankenhausleistungen,
- Bewilligung der Rehaversorgung,
- Bewilligung von Heilmitteln,
- Notwendigkeit der Palliativversorgung,
- Bewilligung von Stimm-Sprech-Sprachtherapie,
- Bewilligung von Therapien bei Transsexualität,
- Bewilligung von Soziotherapien,
- Feststellung von Pflegebedürftigkeit,
- Durchführung von Qualitätsprüfungen in Einrichtungen.

Dabei kann der MDK nicht autark vorgehen, sondern ist im Auftrag der Kassen unterwegs und arbeitet diesen zu. Der Arbeit des MDK liegt somit immer die Richtlinie zugrunde, die dem MDK vorgegeben wird. Zurzeit hat der MDK 141 Beratungsstellen und hat über 7.000 Mitarbeiter (▸ Tab. 13).

3

Tab. 13: Beschäftigte des MDK*

Beschäftigte des MDK	Beschäftigte in Vollstellen 2016	Beschäftigte in Vollstellen 2019	Zuwachs in %
	7.540	**9.586**	**27,86**
Ärzte/Ärztinnen	2.003	2.158	7,74
Pflegefachkräfte	2 294	3.481	51,74
Heil- und Gesundheits-berufen	55	95	72,72
Kodierassistenz	278	503	
Assistenzpersonal im medizinischen/pflegerischen Gutachterbereich	2.244	2.516	80,93
Verwaltungspersonal	623	833	12,12

* Die Arbeit der Medizinischen Dienste – Zahlen, Daten, Fakten. https://www.mdk.de/medizinischerdienst/zahlen-daten-fakten/

Tabelle 13 macht deutlich, dass die meisten Mitarbeiter des MDK mittlerweile aus der Pflege kommen. Aber das ist angesichts der Arbeitsfelder auch nicht verwunderlich. Ebenso wenig verwundert angesichts der Aufgabenvielfalt der starke Zuwachs an Mitarbeitern insgesamt (▶ Tab. 14).

Tab. 14: Tätigkeiten des MDK*

Fälle von	Anzahl	Veränderung in Prozent zu 2016
Krankenhausleistungen	3,43 Mio	+35,4
Arbeitsunfähigkeit	1,11 Mio	-20,3
Leistungen zur Vorsorge/Rehabilitation	468.000	-47,1
Häusliche Krankenpflege	198.000	-54,5
Hilfsmittel GKV	300.000	-19,7

Fälle von	Anzahl	Veränderung in Prozent zu 2016
Neue/unkonventionelle Untersuchungs- und Behandlungsmethoden/Arzneimittel	11.800	-15,1
Zahnmedizin	13.000	-54,6
Sonstige Anlässe	163.000	+8,8
* Ebd.		

Ein Großteil der Arbeit des MDK liegt aktuell im Bereich der Abrechnungsprüfung in Krankenhäusern.

Tab. 15: Begutachtung von Pflegebedürftigen 2014

Beantragte Leistung	Anzahl	in Prozent gegenüber 2016
Ambulante Pflege	1.816.000	+52
Vollstationäre Pflege	287.000	+10,1
Pflege in vollstationären Einrichtungen der Behindertenhilfe	13.000	+64,8
Gesamt	2.116.000	+39,1

Interessant ist auch das Fortbildungskonzept des MDK, das ebenfalls vom MDS vorgegeben wird. Hier sieht man deutlich, dass die Prüfer bei Qualitätsprüfungen oder Gutachter zur Einstufung nicht wochenlang geschult werden. Vielmehr setzt man seitens des MDS auf Selbststudium. Stellen Sie sich vor, in Ihrem Betrieb sieht das erste halbe Jahr Einarbeitung so aus wie das MDS-Konzept für die MDK-Mitarbeiter vorsieht (▸ Abb. 2).

FORTBILDUNGSKONZEPT DER MDK-GEMEINSCHAFT

Auf der Basis einer fundierten, fachbezogenen Ausbildung erfolgt die Fortbildung der Gutachter/innen im MDK in zwei Phasen, der **Einarbeitungsphase** und der **Phase der permanenten Fortbildung**. Innerhalb dieser Phasen greifen verschiedene regional bzw. bundesweit angesiedelte Elemente in einem sich wechselseitig ergänzenden System ineinander (siehe untenstehende Abbildung).

Das Fortbildungskonzept der MDK-Gemeinschaft sieht vor, dass in einer ca. 10-15 Monate dauernden **Einarbeitungsphase** die neuen ärztlichen und pflegefachlichen Gutachter

Fortbildungskonzept für Gutachter/innen der MDK

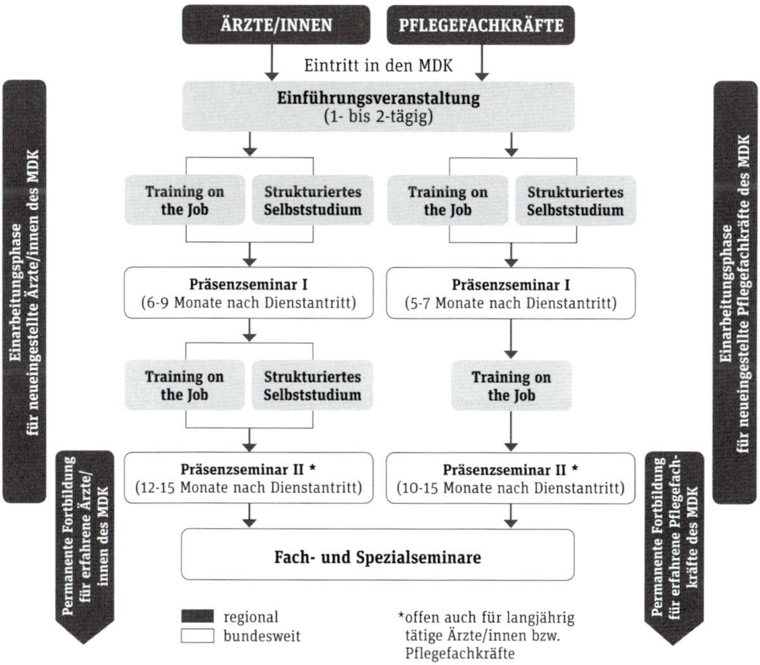

Abb. 2: Fortbildungskonzept des MDK.

Beschäftigen wir uns aber nun mit dem Gutachten zur Pflegebedürftigkeit, wie es seit dem 1. Januar 2017 angewendet wird. Das neue Begutachtungsverfahren richtet sich nach dem Grad der Selbstständigkeit und Fähigkeiten einer Person im Alltag sowie den Einschränkungen in der Bewältigung von psychischen Problemlagen und den Auswirkungen seiner Erkrankung. Dabei werden in sechs Modulen insgesamt 64 Teilbereiche abgefragt und bepunktet. Im Vergleich zur bisherigen Begutachtung also eine viel differenzierte Betrachtung. Im alten System wurden lediglich 21 Verrichtungen betrachtet und der Hilfebedarf eruiert.

Der Gutachter hat also mehr zu fragen und einzuschätzen als im alten System. Er kann nicht mehr einfach Minuten zählen und zum Ergebnis kommen, er benötigt ein komplexes Programm. Begutachtungen mit Block und Diktiergerät müssten spätestens jetzt der Vergangenheit angehören. Aber auch der Pflegebedürftige selbst kann eine Begutachtung nicht mehr so leicht nachvollziehen wie bisher. Man kann nicht einfach die Verrichtungen aufzählen und Minuten addieren und mit den Angaben im Gutachten vergleichen. Das System, in dem in allen sechs Modulen Punkte gesammelt und sehr unterschiedlich gewichtet werden, ist für alle eine Herausforderung und bedarf einiger Übung.

Nach wie vor erhalten geblieben ist die abstrakte Betrachtung. Es ging in den alten Begutachtungs-Richtlinien nicht darum, dass man dem Pflegebedürftigen helfen musste. Die Frage war nur, ob der Pflegebedürftige Hilfe benötigte. Die Frage war nicht, ob diese Hilfe auch stattfand. Im jetzigen System bleibt man erneut abstrakt. Beispielsweise wird nicht geschaut, ob jemand eine Treppe besitzt oder diese gehen müsste, sondern ob er eine Treppe gehen könnte oder nicht. *»Für die Zwecke der Beurteilung ist eine Person selbständig, die eine Handlung beziehungsweise Aktivität alleine, das heißt ohne Unterstützung durch andere Personen oder unter Nutzung von Hilfsmitteln, durchführen kann. Dementsprechend liegt eine Beeinträchtigung von Selbständigkeit nur vor, wenn personelle Hilfe erforderlich ist. Unter personeller Hilfe versteht man alle unterstützenden Handlungen, die eine Person benötigt, um die* *betreffenden Aktivitäten durchzuführen. Ob personelle Hilfe durch Pflegepersonen oder Pflegekräfte erbracht wird, ist für die Bewertung nicht relevant.«*[18]

Und vielleicht ist das auch die richtige Herangehensweise. Es ging und geht also nicht darum, ob sich jemand wäscht (die alte Frage war: »Kann er sich ohne Hilfe waschen?«). Die Frage ist nur, wie selbstständig er beim Waschen wäre. Somit ist und bleibt die Individualität der Pflegebedürftigen im Hinblick auf persönliche Hygiene und Gewohnheiten anderer Art im Alltag (Essen, Trinken, Schlafen etc.) unberührt.

Wenn die sechs Module mit 64 Teilbereichen bearbeitet sind, geht es um die Empfehlungen, die der Gutachter aussprechen kann und auch soll. Dieser Empfehlungsteil ist nicht neu, das gab es bereits seit mindestens 2003. Aber der Empfehlungsteil wurde immer weiter ausgefeilt und nun so ausgeweitet, dass sogar Hilfsmittel, die der Gutachter empfiehlt, als vorausgesetzte Erforderlichkeit gesehen werden und eine Rezeptpflicht erlischt.

Und zu guter Letzt ist die Dokumentation dieser sechs Module und 64 Teilbereiche weniger aufwendig als die bisherigen Hilfebedarfe in nur vier Grundpflegebereichen. Denn bis dato war die Pflegeplanung für die Begutachtung Dreh- und Angelpunkt bei den Fremdbefunden. Neben den Ressourcen mussten auch die Hilfen in der Grundpflege dargestellt sein. Heute, auch im Rahmen der Entbürokratisierung durch das Strukturmodell, schaut der Gutachter zwar auch noch in die Dokumentation, aber er erwartet keine differenzierte Darstellung mehr. Unter den Fremdbefunden geht es nicht mehr um die Pflegeplanung und die Darstellung der Hilfen. Wer auf das Strukturmodell und somit die SIS® umgestellt hat, hat es allerdings einfacher, wenn es um die Begrifflichkeiten der Einstufung geht.

[18] BRi 2021, S. 32

3.3 Aufbau des Gutachtens

Das Formulargutachten gliedert sich in vier Abschnitte, die inhaltlich aufeinander aufbauen.

Im ersten Abschnitt (Punkte 1 bis 3) findet die gutachterliche Erhebung der Versorgungssituation und der pflegebegründenden Vorgeschichte sowie der Befunde (Ist-Situation) statt. Dieser Erhebungsteil beinhaltet unter den Punkten 1.4 auch die Angaben aus der Sicht des Antragstellers und der Pflegeperson zur Situation im häuslichen Bereich bzw. aus Sicht des Antragstellers, der Angehörigen und/oder der zuständigen Pflegefachkraft zur Situation in einer vollstationären Einrichtung der Hilfe für behinderte Menschen und die Dokumentation der Fremdbefunde.

- Gutachtername und Auftraggeber
- Daten des Antragstellers
- Anlass des Antrags
  - Pflegegeld (§ 37 SGB XI)
  - Ambulante Pflegesachleistungen (§ 36 SGB XI)
  - Kombinationsleistung (§ 38 SGB XI)
  - Kurzzeitpflege (§ 42 SGB XI)
  - Teilstationäre Pflege (§ 41 SGB XI)
  - Vollstationäre Pflege (§ 43 SGB XI)
  - Pflege in vollstationären Einrichtungen der Hilfe für behinderte Menschen (§ 43a SGB XI)
  - Entlastungsbetrag (§ 45b SGB XI)
- Art des Antrags/Gutachtenart
  - Erstantrag
  - Erstantrag nach Eilbegutachtung
  - Rückstufungsantrag
  - Höherstufungsantrag
  - Wiederholungsbegutachtung
  - Widerspruch
  - Bisheriger Pflegegrad
- Pflegerelevante Vorgeschichte und derzeitige Versorgungssituation
- Pflegerelevante Fremdbefunde

- Pflegerelevante Vorgeschichte (Anamnese),
- Vorhandene Hilfsmittel, Pflegehilfsmittel, Nutzung
- Pflegerelevante Aspekte der Versorgungs- und Wohnsituation

Unter den Punkten 2 und 3 werden die vom Gutachter erhobenen Befunde und Diagnosen dokumentiert. 3

- 2. Gutachterlicher Befund
- 3. Pflegebegründende Diagnose(n)

Im zweiten Abschnitt (Punkt 4) findet die gutachterliche Wertung der Module auf der Grundlage der erhobenen Befunde und erhaltenen Informationen statt.

- 4 Module des Begutachtungsinstruments
- 4.1 Modul 1: Mobilität
- 4.2 Modul 2: Kognitive und kommunikative Fähigkeiten
- 4.3 Modul 3: Verhaltensweisen und psychische Problemlagen
- 4.4 Modul 4: Selbstversorgung – Angaben zur Versorgung
- 4.5 Modul 5: Bewältigung von und selbstständiger Umgang mit krankheits- oder therapiebedingten Anforderungen und Belastungen – Angaben zur Versorgung
- 4.6 Modul 6: Gestaltung des Alltagslebens und sozialer Kontakte

Im dritten Abschnitt (Punkt 5) werden die Ergebnisse der Begutachtung zusammengetragen. Aus denen sich unter 5.1 der Pflegegrad und unter 5.2 der Aufwand der Pflegeperson(en) ergeben.

- 5. Ergebnis der Begutachtung (siehe Anlage zur Berechnung)
- 5.1 Pflegegrad
- 5.2 Pflegeaufwand der Pflegepersonen
- 5.3 Ist die Pflege in geeigneter Weise sichergestellt?
- 5.4 Liegen Hinweise auf folgende Ursachen der Pflegebedürftigkeit vor?

Im **abschließenden empfehlenden Abschnitt** (Punkte 6 bis 8), der auf den Informationen und Befunden sowie Wertungen der vorangehenden Abschnitte aufbaut, unterbreitet der Gutachter Vorschläge zur Gestaltung der erforderlichen Leistungen, macht Angaben zu benötigten Hilfsmitteln, notwendigen Rehabilitationen sowie zur Prognose und zum Termin der Wiederholungsbegutachtung.

- 6 Erhebung weiterer versorgungsrelevanter Informationen
- 6.1 Außerhäusliche Aktivitäten
- 6.2 Haushaltsführung
- 7 Empfehlungen zur Förderung oder zum Erhalt der Selbstständigkeit oder der Fähigkeiten, Prävention und Rehabilitation (über die bisherige Versorgung hinaus)
- 8. Weitere Empfehlungen und Hinweise für die Pflegekasse
- 9. Prognose/Wiederholungsbegutachtung

3.3.1 Der Gutachter erspart das Rezept für den Rollstuhl

Der Gesetzgeber hat mit dem PSG II im § 18 Absatz 6a SGB XI ein neues Verfahren festgelegt – und die Kassen fügten sich zähneknirschend. Ab 1. Januar 2017 müssen die Gutachter bei der Begutachtung auch die Notwendigkeit der Hilfsmittel prüfen: Wird das vorhandene Hilfsmittel durch den Pflegebedürftigen genutzt? Benötigt der Pflegebedürftige ein anderes oder ein weiteres Hilfsmittel, respektive Pflegehilfsmittel? So steht es in den Begutachtungs-Richtlinien, S. 88: »*Wird ein vorhandenes Hilfs-/Pflegehilfsmittel, das unter Punkt F 1.3 ›Hilfsmittel/Nutzung‹ des Formulargutachtens beschrieben wurde, nicht oder nur unzureichend genutzt, ist zu prüfen, ob es die oder der Pflegebedürftige bedienen kann, und wenn nicht, ob eine erneute Anleitung im Gebrauch erforderlich ist oder eventuell Ersatz, Änderungen oder Anpassungen erforderlich sind. Wird zur Verbesserung der Versorgung eine Ausstattung mit (weiteren) Hilfs-/Pflegehilfsmitteln für erforderlich gehalten, ist dies hier zu empfehlen und zu konkretisieren:*

- *Produktart/Produktartnummer (Badewannenlifter, mobil mit Beinauflagefläche/04.40.01.1), wenn nicht möglich Produktgruppe (z. B. Badehilfen) oder Produktuntergruppe/Produktuntergruppenummer (z. B. Badewannenlifter/04.40.01),*
- *bei welchen Aktivitäten/zu welchem Zweck das vorgeschlagene empfohlene Pflege-/Hilfsmittel genutzt werden soll,*
- *ob die Nutzung selbstbestimmt, selbstständig, oder mit Hilfe durch die Pflegeperson erfolgen kann.*

Die im Gutachten abgegebenen Empfehlungen zu Hilfsmitteln und Pflegehilfsmitteln werden unabhängig von der leistungsrechtlichen Zuordnung ausformuliert. Bei Hilfsmitteln und Pflegehilfsmitteln, die den Zielen von § 40 SGB XI dienen, gelten die Empfehlungen jeweils als Antrag auf Leistungsgewährung, sofern die antragstellende Person, ihre Betreuerin bzw. ihr Betreuer oder ihre bevollmächtigte Person zustimmt. Hilfsmittel und Pflegehilfsmittel, die den Zielen des § 40 SGB XI entsprechen, sind: 3

- *Adaptionshilfen (z. B. Strumpfanziehhilfen, Greifhilfen),*
- *Badehilfen (z. B. Badewannenbretter, Badewannenlifter, Duschhocker, fahrbare Duschstühle),*
- *Gehhilfen (z. B. Gehböcke, Rollatoren, Deltaräder),*
- *Hilfsmittel gegen Dekubitus (z. B. Antidekubitussitzkissen, Antidekubitusauflagen, Antidekubitusmatratzen, aktive und passive Systeme),*
- *Inkontinenzhilfen (z. B. Inkontinenzvorlagen, Netzhosen, Inkontinenzpants, Bettschutzeinlagen),*
- *Kranken- oder Behindertenfahrzeuge (z. B. Rollstühle), Krankenpflegeartikel (z. B. behindertengerechte Betten, Stehbetten, Aufrichthilfen, Rückenstützen),*
- *Lagerungshilfen (z. B. Beinlagerungshilfen, Lagerungskeile),*
- *Mobilitätshilfen (z. B. Drehscheiben, Dreh- und Übersetzhilfen, Rutschbretter, Katapultsitze, Bettleitern),*
- *Stehhilfen,*
- *Stomaartikel,*
- *Toilettenhilfen (z. B. Toilettensitzerhöhungen, feststehende Toilettenstühle oder Toilettenstühle auf Rollen),*
- *Pflegehilfsmittel zur Erleichterung der Pflege, Pflegehilfsmittel zur Körperpflege oder Hygiene (z. B. Urinflaschen, Urinschiffchen, Steckbecken, saugende Bettschutzeinlagen, Kopfwaschsysteme),*
- *Pflegehilfsmittel zur selbstständigeren Lebensführung oder zur Mobilität, Pflegehilfsmittel zur Linderung von Beschwerden, zum Verbrauch bestimmte Pflegehilfsmittel (z. B. Einmalhandschuhe, Desinfektionsmittel) sowie sonstige unmittelbar alltagsrelevante Pflegehilfsmittel.«*[19]

---

[19] Ebd., S. 103

Vor dem PSG II sah der Bewilligungs-Marathon bei einem Rollstuhl z. B. so aus:

- Der Versicherte musste bei seinem behandelnden Arzt ein Rezept einholen.
- Das Rezept war ggf. nicht korrekt ausgefüllt, weil der Arzt nicht sicher war, ob § 33 SGB V oder § 40 SG XI zutrifft.
- Das Rezept ging ans Sanitätshaus.
- Das Sanitätshaus holte einen Kostenvoranschlag bei den Kassen ein.
- Die Kasse prüfte (was oft Wochen dauerte).
- Die Kasse lehnte aus verschiedenen Gründen ab.
- Der Versicherte schrieb einen Widerspruch, vermutlich mit Hilfe anderer Personen oder Institutionen.
- Die Kasse prüfte, (was wiederum Wochen dauerte) und genehmigte schlussendlich.
- Das Sanitätshaus wurde beauftragt.
- Der Versicherte erhielt sein Hilfsmittel.

Info

Die Hilfsmittelbewilligung wird einfacher und schneller. Nun steht im SGB XI im § 18 ein neuer Absatz. Liegt künftig die Empfehlung seitens des Gutachters vor, bedarf es keiner Rezeptierung durch den Arzt. Allerdings muss das Hilfsmittel das Ziel des § 40 SGB XI erfüllen. Hilfsmittel oder Pflegehilfsmittel müssen

- *»zur Erleichterung der Pflege oder*
- *zur Linderung der Beschwerden der oder des Pflegebedürftigen beitragen oder*
- *ihm eine selbstständigere Lebensführung ermöglichen«*

Wenn eines dieser drei Ziele mit dem Hilfsmittel oder Pflegehilfsmittel erreicht wird, bedarf es keines Rezeptes durch den Arzt. Damit entfallen lange Wartezeit durch Einreichung Kostenvoranschlag und Genehmigungsverfahren.

Sie lesen richtig: Man benötigt kein Rezept mehr

- für einen Wannenlifter zuhause, wenn der Gutachter feststellt, dass der Pflegebedürftige mit diesem Lifter allein aus oder in die Wanne (= Erleichterung der Pflege oder selbstständigere Lebensführung) kommt;
- für einen Rollstuhl, in dem sich der Pflegebedürftige selbst fortbewegen kann, wenn der Gutachter beim Pflegebedürftigen feststellt, dass dieser Rollstuhl für eine selbstständigere Lebensführung erforderlich ist;
- für eine Wechseldruckmatratze, wenn der Gutachter feststellt, dass diese Matratze zur Linderung der Beschwerden wie z. B. Schmerzen führt.

Das alles gilt zunächst ungeachtet der Zuordnung zu SGB V oder SGB XI. Es gilt zunächst ungeachtet der Tatsache, dass ein Pflegeheim ggf. bestimmte Hilfs- und Pflegehilfsmittel vorhalten muss. Für Heime gilt noch immer der Abgrenzungskatalog[20].

Tipp

Ringen Sie jedem Gutachter eine Empfehlung für das benötige Hilfsmittel ab! Dann müssen Sie weder mit dem Arzt noch mit dem Sanitätshaus diskutieren!

»Bezüglich der empfohlenen Hilfsmittel wird bis zum 31.12.2020 die Erforderlichkeit vermutet; insofern bedarf es keiner ärztlichen Verordnung nach § 33 Abs. 5a SGB V. Damit ist eine weitergehende fachliche Überprüfung grundsätzlich nicht mehr geboten, es sei denn, die Kranken- oder Pflegekasse stellt die offensichtliche Unrichtigkeit der Empfehlung fest. Die Vermutung ersetzt nicht die Prüfung der Wirtschaftlichkeit durch die Krankenkasse. Für alle anderen Hilfsmittel, die nicht den Zielen des § 40 SGB XI dienen (z. B. Kommunikationshilfen,

[20] MDS (2007): Gemeinsame Verlautbarung der Spitzenverbände der Krankenkassen zur Umsetzung des Gesetzes zur Stärkung des Wettbewerbs in der gesetzlichen Krankenversicherung (GKV-Wettbewerbsstärkungsgesetz – GKV-WSG) im Hilfsmittelbereich. https://www.gkv-spitzenverband.de/media/dokumente/krankenversicherung_1/hilfsmittel/himi_empfehlungen__verlautbarungen/HiMi_Verlautbarung_GKV_WSG_270307.pdf

Sehhilfen, Hörhilfen, Orthesen) gilt diese Regelung nicht. Die Versorgungsempfehlung ist in diesen Fällen nicht als Leistungsantrag zu werten.«[21]

Der Gesetzgeber hat im SGB XI, geändert am 28.03.2021, in § 18 Abs. 6a verfügt, dass dieser Passus nicht mehr befristet bis 31.12.2020 gilt, sondern unbefristet weiter seine Gültigkeit behält.

3.4 Feststellung der Pflegebedürftigkeit

Das Verfahren zur Feststellung der Pflegebedürftigkeit ist in § 18 SGB XI geregelt: *»(1) Die Pflegekassen beauftragen den Medizinischen Dienst der Krankenversicherung oder andere unabhängige Gutachter mit der Prüfung, ob die Voraussetzungen der Pflegebedürftigkeit erfüllt sind und welche Stufe der Pflegebedürftigkeit vorliegt. Im Rahmen dieser Prüfungen haben der Medizinische Dienst oder die von der Pflegekasse beauftragten Gutachter durch eine Untersuchung des Antragstellers die Einschränkungen bei den Verrichtungen im Sinne des § 14 Abs. 4 festzustellen sowie Art, Umfang und voraussichtliche Dauer der Hilfebedürftigkeit und das Vorliegen einer erheblich eingeschränkten Alltagskompetenz nach § 45a zu ermitteln. Darüber hinaus sind auch Feststellungen darüber zu treffen, ob und in welchem Umfang Maßnahmen zur Beseitigung, Minderung oder Verhütung einer Verschlimmerung der Pflegebedürftigkeit einschließlich der Leistungen zur medizinischen Rehabilitation geeignet, notwendig und zumutbar sind; insoweit haben Versicherte einen Anspruch gegen den zuständigen Träger auf Leistungen zur medizinischen Rehabilitation.*

(2) Der Medizinische Dienst oder die von der Pflegekasse beauftragten Gutachter haben den Versicherten in seinem Wohnbereich zu untersuchen. Erteilt der Versicherte dazu nicht sein Einverständnis, kann die Pflegekasse die beantragten Leistungen verweigern. Die §§ 65, 66 des Ersten Buches bleiben unberührt. Die Untersuchung im Wohnbereich des Pflegebedürftigen kann ausnahmsweise

[21] BRI 2021, S. 89

unterbleiben, wenn auf Grund einer eindeutigen Aktenlage das Ergebnis der medizinischen Untersuchung bereits feststeht. Die Untersuchung ist in angemessenen Zeitabständen zu wiederholen.«

3

In der BRi 2021, S. 155 steht hierzu: »*Ausnahmsweise kann auch auf einen Hausbesuch verzichtet werden, wenn bei Höherstufungs- oder Rückstufungsanträgen, Widerspruchsgutachten oder Wiederholungsbegutachtungen die Informationslage eindeutig ist (3.2.2.3 ›Der Besuch‹, vergleiche § 18 Absatz 2 Satz 4 SGB XI). Eindeutig bedeutet, dass alle Informationen vorliegen, die erforderlich sind, um die Kriterien der Module 1 bis 6 fachlich zu bewerten.«* Vielleicht vermissten Sie die Feststellung der eingeschränkten Alltagskompetenz. Diese gibt es ab 2017 nicht mehr. Das hat einen einfachen Grund: Ambulant betreute Pflegebedürftige erhalten die 125 Euro Entlastungsbetrag pro Monat; für stationär betreute Pflegebedürftige wurde der neue § 43b SGB XI geschaffen (▶ Kap. 2.18). Somit haben alle Heimbewohner Anspruch auf zusätzliche Betreuung und Aktivierung.

3.5 Mitwirkungspflichten

Was einige nicht wissen: Der Antragsteller hat Mitwirkungspflicht. Die Kasse soll den Antragsteller bereits vor der Begutachtung auf diese Pflicht hinweisen[22].

Info

Der Antragsteller gibt Auskunft. Zur Mitwirkungspflicht gehört u. a. die Auskunft zu Pflegesituation, die Einwilligung über die Einholung von Auskünften bei behandelnden Ärzten, Pflegeeinrichtung, Pflegedienst und weiteren Personen die Auskunft über die Pflege erteilen können.

[22] Vgl. BRi 2021, S. 17

Aber nicht nur der Antragteller hat eine Pflicht zur Mitwirkung bei der Begutachtung. Diese Pflicht trifft auch die Pflege- und Krankenkassen sowie die professionell Pflegenden. So steht in (§ 18 Abs. 5 SGB XI: *»Die Pflege- und Krankenkassen sowie die Leistungserbringer sind verpflichtet, dem MDK oder den von den Pflegekassen beauftragten Gutachtern die für die Begutachtung erforderlichen Unterlagen vorzulegen und Auskünfte zu erteilen.«* Bei den ambulanten Diensten/stationären Einrichtungen muss natürlich klar sein, was »erforderliche Unterlagen« bedeutet. In den Begutachtungs-Richtlinien[23] heißt es: *»Vorliegende Befundberichte sind zu prüfen und auszuwerten, soweit sie Angaben über Schädigungen und Beeinträchtigungen der körperlichen, kognitiven oder psychischen Funktionen, die zu gesundheitlichen Beeinträchtigungen der Selbstständigkeit oder der Fähigkeiten führen können sowie zu gesundheitlich bedingten Belastungen und Anforderungen oder zu vorhandenen Ressourcen enthalten.*

Zu den Befundberichten gehören zum Beispiel

- *Pflegedokumentationen,*
- *Krankenhaus-, Rehabilitations- und Arztberichte,*
- *Berichte, z. B. von Werkstätten für behinderte Menschen und von Therapeuten,*
- *Pflegeberichte, z. B. Überleitungsberichte von ambulanten und stationären Einrichtungen,*
- *bereits vorliegende sozialmedizinische Gutachten, z. B. zur Feststellung von Pflegebedürftigkeit, Rehabilitationsgutachten,*
- *eventuell von der antragstellenden Person vorgelegte Aufzeichnungen über den Pflegeverlauf, z. B. Pflegetagebuch, Anfallskalender, Entwicklungsbericht für Rehabilitationsträger.«*

Wenn der Gutachter also die Dokumentation einsehen möchte, so kann er das gern tun. Solange es sich um Daten handelt, aus denen er erkennen kann, welche Schädigungen und Beeinträchtigungen der körperlichen, kognitiven oder psychischen Funktionen vorliegen – das sind im Allgemeinen die Diagnosen. Außerdem gehören zu den Dokumenten die Pflegeplanung oder SIS®, aus der die gesundheitlichen Beeinträchtigungen der Selbstständigkeit oder der Fähigkeiten abzuleiten sind, aber auch gesundheitlich bedingte Belastungen und Anforderungen oder Ressourcen.

---

[23] Ebd., S. 25

Wichtig **Die SIS® dient nicht dazu, den Pflegegrad festzustellen**

Es ist nicht Sinn einer entbürokratisierten Dokumentation, tems aufzulisten (in Graden der Selbstständigkeit bis hin zu Verhaltensweisen und psychischen Problemlagen etc.).

3.6 Aufwand der Pflegeperson

Hier geht es insbesondere darum, den Aufwand durch die Pflegeperson festzuhalten. Das ist schon deshalb wichtig, um in den Genuss weiterer Sozialleistungen zu kommen (▶ Kap. 2.19). Der Gutachter hat zu prüfen, *»ob der Pflegeaufwand der einzelnen Pflegeperson nachvollziehbar bei wenigstens zehn Stunden wöchentlich, verteilt auf regelmäßig mindestens zwei Tage pro Woche liegt. Ist dies nicht der Fall oder weicht der Gutachter von den Angaben der Pflegeperson ab, ist die Einschätzung zu begründen. Wird die Pflege einer pflegebedürftigen Person von mehreren Pflegepersonen erbracht (Mehrfachpflege), wird zudem der Umfang der jeweiligen Pflegetätigkeit je Pflegeperson im Verhältnis zum Umfang der von den Pflegepersonen zu leistenden Pflegetätigkeit insgesamt (Gesamtpflegeaufwand) ermittelt.«*[24]

3.7 Sicherstellung der häuslichen Pflegesituation

Es ist Aufgabe des Gutachters zu prüfen, ob die Pflege zuhause sichergestellt ist. Ist dies nicht der Fall, so ist zu prüfen, ob ggf. professionelle häusliche Pflege in Anspruch genommen werden kann. Statt Pflegegeld soll der Gutachter entweder die kombinierte Geld- und Sachleistung oder die alleinige Sachleistung in Betracht ziehen. Wenn die Pflege auch durch professionelle Pflegedienste nicht ausreicht, ist eine teilstationäre oder vollstationäre Pflege oder eine andere betreute Wohnform zu erwägen.

---

[24] Ebd., S. 78

»Dies kann insbesondere erforderlich sein bei:
- *Fehlen einer Pflegeperson,*
- *fehlender Pflegebereitschaft möglicher Pflegepersonen,*
- *drohender oder bereits eingetretener Überforderung von Pflegepersonen,*
- *drohende oder bereits eingetretene Versorgungsdefizite der oder des Pflegebedürftigen,*
- *Selbst- oder Fremdgefährdungstendenzen der oder des Pflegebedürftigen,*
- *räumliche Gegebenheiten im häuslichen Bereich, die keine häusliche Pflege ermöglichen und durch Maßnahmen zur Verbesserung des individuellen Wohnumfeldes (§ 40 Abs. 4 SGB XI) nicht verbessert werden können.«*[25]

3.8 Erläuterungen zur Feststellung der Pflegebedürftigkeit

Bereits 2008 hatte die damalige Bundesgesundheitsministerin Ulla Schmidt den Pflegebedürftigkeitsbegriff verändern wollen. Neun Jahre später trat er dann in Kraft.

Definition **Der neue Pflegebedürftigkeitsbegriff**

»Pflegebedürftig im Sinne dieses Buches sind Personen, die gesundheitlich bedingte Beeinträchtigungen der Selbstständigkeit oder der Fähigkeiten aufweisen und deshalb der Hilfe durch andere bedürfen.

*Es muss sich um Personen handeln die körperliche, kognitive oder psychische Beeinträchtigungen oder gesundheitlich bedingte Belastungen oder Anforderungen nicht selbstständig kompensieren oder bewältigen können. Die Pflegebedürftigkeit muss auf Dauer, voraussichtlich für mindestens sechs Monate und mit mindestens der in § 15 festgelegten Schwere bestehen.«**

* § 14 Absatz 1 SGB XI

[25] Ebd.

Der Gutachter muss also, um die Pflegebedürftigkeit feststellen zu können, zum einen wie immer die Diagnosen sammeln. Nach wie vor muss eine Krankheit der Behinderung Anlass für die Einschränkungen sein.

Info

Doch es kommt nicht auf die Schwere der Erkrankung oder Behinderung an, sondern allein darauf, ob die gesundheitlichen Beeinträchtigungen der Selbstständigkeit oder der Fähigkeiten als Grundlage für die Feststellung der Pflegebedürftigkeit dienen. Insofern begründen z. B. Blindheit oder Lähmungen der unteren Extremitäten allein noch keine Pflegebedürftigkeit, ebenso wenig wie das Vorliegen einer Behinderung.

Wenn der Gutachter zur Begutachtung vor Ort ist, muss er neben eigenen Erhebungen auch die Fremdbefunde würdigen. »*Im Mittelpunkt steht die Beurteilung der Selbstständigkeit eines Menschen in sechs Lebensbereichen, die jeden Menschen jeden Tag betreffen. Selbstständig ist eine Person, die eine Handlung bzw. Aktivität alleine, d. h. ohne Unterstützung durch andere Personen oder unter Nutzung von Hilfsmitteln durchführen kann. Die Selbstständigkeit einer Person bei der Ausführung bestimmter Handlungen bzw. Aktivitäten wird unter der Annahme bewertet, dass sie diese ausführen möchte. Es ist unerheblich, welche Hilfeleistungen tatsächlich erbracht werden. Die Beurteilung der Selbstständigkeit erfolgt auch dann, wenn die Person die betreffende Handlung bzw. Aktivität in ihrem Lebensalltag nicht (mehr) durchführt.*«[26]

[26] Ebd., S. 31

Tipp

Wenn der Gutachter nach den Tätigkeiten und Hilfen fragen, sollten Sie darauf verweisen, dass diese Hilfeleistungen unerheblich sind. Lassen Sie sich also nicht irritieren, sondern bleiben Sie bei den Beeinträchtigungen.

Eine Beeinträchtigung, die sich aufgrund einer Krankheit/Behinderung ergibt, muss voraussichtlich sechs Monate lang bestehen. Dieser Umstand hat sich gegenüber der »alten« Begutachtung nicht verändert. Die Bezeichnung »voraussichtlich sechs Monate« bedeutet aber nicht, dass der Pflegebedürftige warten muss, bis das halbe Jahr um ist. Vielmehr gilt: Ab dem Zeitpunkt der Antragstellung muss die Pflegebedürftigkeit in dem vorliegenden Maße voraussichtlich sechs Monate bestehen bleiben. Wenn ein Pflegebedürftiger erst vor zwei Monaten eingegradet wurde und der Zustand sowie die Unselbstständigkeit haben zugenommen, so muss der Pflegebedürftige nicht warten, sondern kann sofort eine höhere Eingradung beantragen. Das sagen auch die Begutachtungs-Richtlinien: *»Pflegebedürftigkeit auf Dauer ist auch gegeben, wenn der personelle Unterstützungsbedarf nur deshalb nicht sechs Monate andauert, weil die verbleibende Lebensspanne voraussichtlich weniger als sechs Monate beträgt.«*[27]

Info

Ein Hilfebedarf in der Hauswirtschaft, ganz gleich wie hoch er ist, führt nicht zur Feststellung einer Pflegebedürftigkeit. Daran ändern auch die neuen Begutachtungs-Richtlinien nichts.

[27] Ebd., S. 33

3

3.9 Erläuterungen der Selbstständigkeit – Was wird wie berechnet?

Wo Pflegekräfte bisher nach den Hilfearten geschaut haben und sich stets darin übten, wie sich Anleitung und Beaufsichtigung unterscheiden, wird im Neuen Begutachtungsinstrument danach geschaut, wie selbstständig eine Person ist. Unterschieden werden dabei Grade der Selbstständigkeit[28]:

1. selbstständig
2. überwiegend selbstständig
3. überwiegend unselbstständig
4. unselbstständig

3.9.1 Selbstständig

Selbstständigkeit ist dann gegeben, wenn die »Person ... die Handlung bzw. Aktivität in der Regel selbstständig durchführen [kann]. Möglicherweise ist die Durchführung erschwert oder verlangsamt oder nur unter Nutzung von Hilfs-/Pflegehilfsmitteln möglich. Entscheidend ist jedoch, dass die Person keine personelle Hilfe benötigt. Vorübergehende oder nur vereinzelt auftretende Beeinträchtigungen sind nicht zu berücksichtigen.«[29]

Info

Wenn ein Pflegebedürftiger ein Hilfsmittel nutzt, aber für dessen Bereitstellung bereits Hilfe benötigt, ist nicht mehr selbstständig, sondern nur noch »überwiegend selbstständig«.

---

[28] Leider berücksichtigen die Begutachtungs-Richtlinien nicht die neue deutsche Rechtschreibung, nach der »Selbstständig« mit zwei »st« geschrieben wird. Seien Sie also bitte nicht irritiert, wenn Sie in den wörtlichen Zitaten »selbstständig« lesen – und im weiteren Text dann, korrekt, »selbstständig«.

[29] Ebd., S. 32

3.9.2 Überwiegend selbstständig

»Die Person kann den größten Teil der Aktivität selbstständig durchführen. Dementsprechend entsteht nur ein geringer, mäßiger Aufwand für die Pflegeperson. Überwiegend selbstständig ist eine Person also dann, wenn lediglich folgende Hilfestellungen erforderlich sind:

- *Unmittelbares Zurechtlegen, Richten von Gegenständen meint die Vorbereitung einer Aktivität durch Bereitstellung sächlicher Hilfen, damit die Person die Aktivität dann selbstständig durchführen kann. Dabei wird vorausgesetzt, dass die Umgebung der antragstellenden Person so eingerichtet wird, dass die Person so weit wie möglich selbstständig an alle notwendigen Utensilien herankommt und diese nicht jedes Mal angereicht werden müssen. Wenn dies aber nicht ausreicht (z. B. die Seife nicht von der Ablage am Waschbecken genommen werden kann, sondern direkt in die Hand gegeben werden muss), führt diese Beeinträchtigung zur Bewertung überwiegend selbstständig.«*[30]

Auch die Aufforderung wird als überwiegend selbstständig gewertet: *»Aufforderung bedeutet, dass die Pflegeperson (ggf. auch mehrfach) einen Anstoß geben muss, damit die oder der Betroffene die jeweilige Tätigkeit allein durchführt. Auch wenn nur einzelne Handreichungen erforderlich sind, ist die Person als überwiegend selbstständig zu beurteilen (punktueller Hilfebedarf, der lediglich an einzelnen Stellen des Handlungsablaufs auftritt). Einzelne Hinweise zur Abfolge der Einzelschritte meinen, dass zwischenzeitlich immer wieder ein Anstoß gegeben werden muss, dann aber Teilverrichtungen selbst ausgeführt werden können.«*[31]

[30] Ebd.
[31] Ebd., S. 33 ff.

Info

Diese Art der Aufforderung definierten Pflegekräfte in der Vergangenheit oft als Impulsgabe. Sie musste einen Pflegebedürftigen auffordern, dieses oder jenes zu tun (sich zu waschen, sich etwas überzuziehen oder zu trinken). Diese Impulsgabe oder Aufforderung wird nun also mit »überwiegend selbstständig« gewertet.

Auch ein weiterer Begriff aus dem alten System taucht wieder auf: die Unterstützung bei der Durchführung einer Verrichtung. »**Unterstützung bei der Entscheidungsfindung** *bedeutet, dass z. B. verschiedene Optionen zur Auswahl angeboten werden, die Person danach aber selbstständig handelt.*«[32] Der Begriff der Beaufsichtigung in Form einer Erledigungskontrolle bleibt ebenfalls erhalten, wird aber in die Form der überwiegenden Selbstständigkeit eingruppiert:

»**Partielle Beaufsichtigung und Kontrolle** *meint die Überprüfung, ob die Abfolge einer Handlung eingehalten wird (ggf. unter Hinführung zu weiteren Teilschritten oder zur Vervollständigung) sowie die Kontrolle der korrekten und sicheren Durchführung. Hierzu gehört auch die Überprüfung, ob Absprachen eingehalten werden.*

Anwesenheit aus Sicherheitsgründen: *Wenn eine Person eine Aktivität selbstständig ausführen kann, aber aus nachvollziehbaren Sicherheitsgründen (z. B. Sturzgefahr, Krampfanfälle) die Anwesenheit einer anderen Person benötigt, trifft die Bewertung ›überwiegend selbstständig‹ zu.*«[33]

Auch die Übernahme von Teilen einer Handlung gehört noch zur Überschrift »überwiegend selbstständig«: »**Punktuelle Übernahme von Teilhandlungen der Aktivität** *bedeutet, dass nur einzelne Handreichungen erfor-*

[32] Ebd.
[33] Ebd.

derlich sind, die Person den überwiegenden Teil der Aktivität aber selbstständig durchführt.«[34]

Diese kleinen Handgriffe fielen in der alten Begutachtung unter den Begriff der Unterstützung.

Erhöht sich nun der Bedarf an Beaufsichtigung, Anleitung, Motivation oder persönlicher Hilfe, befinden wir uns im Bereich der überwiegenden Unselbstständigkeit.

3.9.3 Überwiegend unselbstständig

»Die Person kann die Aktivität nur zu einem geringen Anteil selbstständig durchführen. Es sind aber Ressourcen vorhanden, so dass sie sich beteiligen kann. Dies setzt ggf. ständige Anleitung oder aufwändige Motivation auch während der Aktivität voraus oder Teilschritte der Handlung müssen übernommen werden. Zurechtlegen und Richten von Gegenständen, wiederholte Aufforderungen oder punktuelle Unterstützungen reichen nicht aus.

Alle der oben genannten Hilfen können auch hier von Bedeutung sein, reichen allerdings alleine nicht aus. Weitergehende Unterstützung umfasst vor allem:

- **Ständige Motivation** *im Sinne der motivierenden Begleitung einer Aktivität (notwendig vor allem bei psychischen Erkrankungen mit Antriebsminderung).*
- **Ständige Anleitung** *bedeutet, dass die Pflegeperson den Handlungsablauf nicht nur anstoßen, sondern die Handlung demonstrieren oder lenkend begleiten muss. Dies kann insbesondere dann erforderlich sein, wenn die oder der Betroffene trotz vorhandener motorischer Fähigkeiten eine konkrete Aktivität nicht in einem sinnvollen Ablauf durchführen kann.*

[34] Ebd.

- **Ständige Beaufsichtigung und Kontrolle** *unterscheidet sich von der oben genannten ›partiellen Beaufsichtigung und Kontrolle‹ nur durch das Ausmaß der erforderlichen Hilfe. Es ist ständige und unmittelbare Eingreifbereitschaft in die Handlung erforderlich.*
- **Übernahme von Teilhandlungen der Aktivität** *bedeutet, dass ein erheblicher Teil der Handlungsschritte durch die Pflegeperson übernommen wird.«*[35]

Wenn der Pflegebedürftige nicht mehr anzuleiten ist, wenn die Hilfestellung nicht ausreicht, wenn der Pflegebedürftige keinen nennenswerten Beitrag mehr leisten kann, wird er als **unselbstständig** bezeichnet.

Info
Zwischen den Begriffen »überwiegend selbständig« und »überwiegend unselbständig« ist teilweise schwer zu unterscheiden. Hier gibt die neue BRI, S. 32 vor: *»Bei manchen Personen kommen Beeinträchtigungen der Selbständigkeit bei einer Aktivität zwar regelmäßig mindestens einmal wöchentlich, aber nicht täglich vor oder sie treten in wechselnd starker Ausprägung auf. In diesen Fällen ist bei der Entscheidung zwischen ›überwiegend selbständig‹ und ›überwiegend unselbständig‹ auf die Gesamtheit dieser Aktivität im Wochenverlauf abzustellen.«*

3.9.4 Unselbstständig

»Die Person kann die Aktivität in der Regel nicht selbstständig durchführen bzw. steuern, auch nicht in Teilen. Es sind kaum oder keine Ressourcen vorhanden. Aufwendige Motivation, umfassende Anleitung und ständige Beaufsichtigung reichen auf keinen Fall aus. Die Pflegeperson muss alle oder nahezu alle Teilhandlungen anstelle der betroffenen Person durchführen. Eine minimale Betei-

[35] Ebd., S. 33

ligung ist nicht zu berücksichtigen (z. B. wenn sich die antragstellende Person im sehr geringen Umfang mit Teilhandlungen beteiligt).«[36]

3.9.5 Verkehrte Welt: Die Anleitung zählt weniger als die volle Übernahme

Diese Beschreibungen von selbstständig über überwiegend selbstständig und überwiegend unselbstständig bis zu unselbstständig, klingen alle schlüssig und logisch. Das gilt ebenso für ihre Bewertung

0 Punkte =	selbstständig
1 Punkt =	überwiegend selbstständig
2 Punkte =	überwiegend unselbstständig
3 Punkte =	unselbstständig

Auf den zweiten Blick ergeben sich aber Probleme im Bereich der aktivierenden Pflege: Wenn Sie einen Pflegebedürftigen z. B. beim Waschen und Ankleiden anleiten, Schritt für Schritt und mit Engelsgeduld, erhält dieser weniger Punkte als wenn Sie ihn gleich selber waschen und anziehen. Was sich früher ganz klar in Minuten ausdrückte (für die kleinschrittige Anleitung gab es mehr Minuten als für die volle Übernahme), ist heute umgekehrt. Noch drastischer wird dies bei der Betrachtung der Nahrungsaufnahme und dem Trinken. Dort werden nicht nur 1 bis 3 Punkte vergeben, sondern bis zu 9 Punkte. Die Höchstpunktzahl von 9 erhält aber nicht die Anleitung beim Essen, sondern das Essen anreichen. Die ständige Anwesenheit einer Pflegeperson beim Essen und die dauernde Anleitung und Beaufsichtigung »bringen« nur 6 Punkte.

---

[36] Ebd., S. 34

3.9.6 Umwandlung der früheren Hilfeformen in die Grade der Selbstständigkeit

Wir haben über 20 Jahre in Formen der Hilfe gedacht. Nun ist nicht auf einen Schlag alles vergessen. Wir können die alten Begriffe durchaus noch aufleben lassen, müssen diese allerdings in den Grad der Selbstständigkeit umwandeln (▶ Tab. 16).

Tab. 16: Formen der Hilfe bzw. der Begriff der Selbstständigkeit

	Alte Begutachtung	Neues Begutachtungsinstrument
Hilfsmittel bereitstellen oder Kleidung aus dem Schrank nehmen	Unterstützung	überwiegend selbstständig
Impulse geben wie »Nehmen Sie mal …«	Anleitung, die nur kurze Zeit in Anspruch nimmt	überwiegend selbstständig
Nachkontrolle, ob der Pflegebedürftige rasiert, angezogen oder gewaschen ist oder etwas gegessen hat	Punktuelle Beaufsichtigung	überwiegend selbstständig
Strümpfe und Schuhe anziehen oder Rücken waschen	Teilweise Übernahme	überwiegend unselbstständig
Permanente Aufsicht im Bad, beim Essen oder Trinken	Beaufsichtigung mit personeller Bindung der Pflegeperson	überwiegend unselbstständig
Ständige Motivation, ins Bad zu gehen, zu essen, zu trinken, kleinschrittige Anweisungen geben	Kleinschrittige Anleitung mit Anwesenheit einer Pflegeperson	überwiegend unselbstständig
Essen eingeben, Waschen und Ankleiden übernehmen	Volle Übernahme	unselbstständig

3.10 Fähigkeiten, Selbstständigkeit – Was wird wie berechnet?

»Bei der Feststellung der Pflegebedürftigkeit und des Pflegegrades werden die gesundheitlich bedingten Beeinträchtigungen der Selbstständigkeit oder der Fähigkeiten in den Modulen 1 bis 6 berücksichtigt. Im Rahmen der Begutachtung sind darüber hinaus die Beeinträchtigungen der Selbstständigkeit oder der Fähigkeiten in den Bereichen außerhäusliche Aktivitäten (Punkt F 6.1) und Haushaltsführung (Punkt F 6.2) festzustellen.«[37] Nicht jedes Modul lässt sich mit den oben beschriebenen Kriterien der Selbstständigkeit bewerten. Bei der Kommunikation und den Verhaltensweisen wird mit anderen Maßstäben gemessen. Im Folgenden erläutere ich Ihnen die Bedeutungen der Module zur Ermittlung der Bewertungen.

3.10.1 Modul 1: Mobilität

»Die Einschätzung richtet sich ausschließlich danach, ob die Person in der Lage ist ohne personelle Unterstützung eine Körperhaltung einzunehmen/zu wechseln und sich fortzubewegen.«[38] Es zählen also Körperkraft, Balance, Bewegungskoordination etc., aber nicht die zielgerichtete Fortbewegung. Es werden also auch nicht die Folgen einer kognitiven Beeinträchtigung gerechnet. Es stellt sich nicht die Frage, ob der Pflegebedürftige die Toilette findet, sondern ob er dorthin laufen kann. Es stellt sich nicht die Frage, ob der Pflegebedürftige durch die Räume irrt und gesucht werden muss oder ob er vergisst, sich umzulagern. Es zählt einzig und allein, ob er über die körperliche Fähigkeit verfügt, dies tun zu können.

---

[37] Ebd., S. 34
[38] Ebd.

Info

Alle kognitiv eingeschränkten oder psychisch Kranken, die mobil sind, haben schon mal 15 Punkte weniger. Der Pflegegrad 5 rückt weit in die Ferne.

Wer körperliche Einschränkungen hat, ist in den Bereichen der Mobilität unterschiedlich selbstständig, respektive unselbstständig:

0 Punkte =	**selbstständig** bedeutet, es ist keine personelle Hilfe erforderlich
1 Punkt =	**überwiegend selbstständig** ist die Person, wenn sie sich z. B. kurzzeitig im Sitzen halten kann, oder mit der Bereitstellung von Hilfsmitteln durch andere die Verrichtung dann durchführt
2 Punkte =	**überwiegend unselbstständig** sind Personen die nur wenig Beitrag leisten können und überwiegend auf Hilfe durch andere Personen angewiesen sind.
3 Punkte =	**unselbstständig** sind alle, die komplett auf Hilfe angewiesen sind, also z. B. im Rollstuhl gefahren werden, ihre Position im Sitzen/Liegen nicht selbst verändern können.

Beim Treppensteigen gibt es allerdings eine Besonderheit: Es ist nicht zu beachten, ob der Antragsteller überhaupt Treppen im Hause hat. Ebenso ist nicht zu berücksichtigen, ob er die vorhandene Treppe überhaupt gehen müsste, z. B. weil es einen Fahrstuhl gibt. Es ist also einerlei, ob eine Treppe gegangen wird oder nicht – sie wird berechnet. So wird in gleichem Maße wie oben beschrieben geschaut, in welchem Grad die Person beim (fiktiven) Treppensteigen auf Hilfe angewiesen ist.

0 Punkte =	die Person kann/könnte die Treppe **selbstständig** gehen ohne personelle Hilfe
1 Punkt =	**überwiegend selbstständig:** Die Person kann/könnte die Treppe alleine gehen, benötigt aber wegen eines Sturzrisikos eine Begleitperson.
2 Punkte =	**überwiegend unselbstständig:** Die Person kann/könnte die Treppe nicht alleine gehen, sondern muss gestützt werden.
3 Punkte =	**unselbstständig** sind alle Personen, die eine Treppe trotz personeller Hilfe nicht bewältigen können. D. h. sie müssen/müssten getragen werden oder mit Hilfsmitteln (z. B. Treppenlift) transportiert.

Die Definition für die Verrichtung »Umsetzen« wurde in der BRI 2021 präzisiert. Statt wie in der alten »Von einer erhöhten Sitzfläche, ...« heißt es nun auf S. 35: *»Von einer üblich hohen Sitzgelegenheit aufstehen und sich auf eine andere umsetzen (übliche Sitzhöhe etwa 45 cm).«* Eine weitere Besonderheit ist in diesem ersten Modul die sog. **besondere Bedarfskonstellation**.

3.10.2 Besondere Bedarfskonstellation führt automatisch zu Pflegegrad 5

Diese sog. »besondere Bedarfskonstellation« liegt bei vollständigem Verlust der Greif-, Steh- **und** Gehfunktionen vor. Die Betonung liegt hier auf dem Wort »und«. Liegt der Verlust dieser Funktionen »nur« einseitig oder teilweise vor, trifft die besondere Bedarfskonstellation auch nicht zu. Es muss sich bei der Anerkennung dieser besonderen Bedarfskonstellation deshalb um Menschen handeln, die z. B. im Wachkoma (vegetatives Stadium) liegen, um tetraplegische Menschen oder Menschen mit hohem Querschnitt, hochgradigen Kontrakturen, Versteifungen, Spastiken hochgradigem Tremor und Rigor oder Athetose. Aber natürlich würde auch das Fehlen der Extremitäten dazu zählen.

Ein vollständiger Verlust der Greif-, Steh- und Gehfunktion ist unabhängig von der Ursache zu bewerten. *»Eine Gebrauchsunfähigkeit beider Arme und* *beider Beine liegt auch vor, wenn eine minimale Restbeweglichkeit der Arme noch vorhanden ist.«*[39]

Info
Bedenken Sie also, auch ein Mensch mit Demenz, der am Lebensende steht und wie ein Embryo zusammengekauert und nahezu regungslos im Bett liegt, mit Verlust der Greif- und Stehkraft, fällt unter die Bedarfskonstellation und wird in Pflegegrad 5 eingegradet.

Wenn bei einem Antragsteller diese besondere Bedarfskonstellation vorliegt, wird er automatisch in Pflegegrad 5 eingruppiert, ohne weitere Berechnungen der Module.

3.10.3 Modul 2: Kognitive und kommunikative Fähigkeiten

Die Definitionen hierzu finden sich ab Seite 37 in den Begutachtungs-Richtlinien:

0 Punkte =	Fähigkeit vorhanden, die Fähigkeit ist unbeeinträchtigt. Die Fähigkeit ist (nahezu) vollständig vorhanden
1 Punkt =	Fähigkeit ist größtenteils vorhanden. *»Die Fähigkeit ist überwiegend (die meiste Zeit über, in den meisten Situationen), aber nicht durchgängig vorhanden. Die Person hat Schwierigkeiten, höhere oder komplexere Anforderungen zu bewältigen.«**
2 Punkte =	Fähigkeit ist in geringem Maße vorhanden. *»Die Fähigkeit ist stark beeinträchtigt, aber erkennbar vorhanden. Die Person hat häufig oder in vielen Situationen Schwierigkeiten. Sie kann nur geringe Anforderungen bewältigen. Es sind Ressourcen vorhanden.«**
3 Punkte =	Fähigkeit ist nicht vorhanden. *»Die Fähigkeit ist nicht oder nur in sehr geringem Maße (sehr selten) vorhanden.«**
* Ebd.	

[39] Ebd., S. 37

Wenn man hinter diesen Definitionen die jeweiligen anrechenbaren Themen innerhalb des Moduls betrachtet, so wird die Bewertung schnell nachvollziehbar. Beispielsweise bei der Orientierung, bei der Durchführung von mehrschrittigen Alltagshandlungen, oder Entscheidungen im Alltag oder auch dem Erkennen von Risiken im Alltag. Gerade die letzten beiden Bereiche sind für manch Gesunde im Alltag schon eingeschränkt. Denken Sie nur an die Frau, die vor ihrem Kleiderschrank steht und fragt: »Was soll ich nur anziehen?« Oder denken Sie mal an Ihre letzte Autobahnfahrt: Handeln da alle mit ihrem Fahrzeug immer adäquat?

Neu angepasst im Jahr 2021 wurde die Fähigkeit zum »Mitteilen von elementaren Bedürfnissen«. Hier wird die BRI, S. 4, präziser. Es geht bei diesem Punkt darum *»sich bei stark belastenden Empfindungen in Bezug auf elementare Bedürfnisse wie Schmerzen, Frieren, Hunger oder Durst bemerkbar zu machen. Bei Sprachstörungen kann dies gegebenenfalls durch Laute, Mimik oder Gestik beziehungsweise unter Nutzung von Hilfsmitteln erfolgen. Liegt eine unzureichende Flüssigkeitsaufnahme aufgrund eines nicht ausreichenden Durstgefühls vor, so wird dies im Kriterium F 4.4.9 ›Trinken‹ bewertet.«*

Damit ist gemeint, es ist zu bewerten, in wie weit eine Person in der Lage ist, seine elementaren Bedürfnisse mitzuteilen. Und diese sind nicht klar begrenzt. Auch das Kriterium 4.2.11, Beteiligen an einem Gespräch, wurde präzisiert in der Bewertung der Betrachtung *»Fähigkeit größtenteils vorhanden: ...Die Person ist darauf angewiesen, dass langsam und besonders deutlich gesprochen wird und immer wieder Worte und Sätze wiederholt werden, damit sie einem Gespräch folgen kann...«* auch dies ist eine wichtige Anpassung, wenn es um Menschen mit kognitiven Einbußen geht.

3.10.4 Modul 3: Verhaltensweisen und psychische Problemlagen

In diesem Modul geht es um Verhaltensweisen von Personen und ihren psychischen Problemlagen, die eine Folge von Gesundheitsproblemen sind. Das sind natürlich bei älteren Menschen vorwiegend die Demenzerkrankung, Korsakow oder Depressionen. Aber auch nach einem Schlaganfall oder bei Parkinson können psychische Problemlagen auftreten. Bei jüngeren Personen sind diese Gesundheitsprobleme z. B. das Resultat von endogenen psychischen Erkrankungen wie Schizophrenie, Psychosen oder exogenen Faktoren wie Alkohol- und Drogenmissbrauch oder Hirntraumata. Welche Krankheit auch immer zugrunde liegt – Sie muss zu immer wieder auftretenden Phänomenen und zu personeller Unterstützung führen. Beachten Sie beim Bearbeiten des Moduls 3 bitte auch, dass die Aufzählungen von Verhaltensweise und psychischen Problemlagen nicht vollständig und abschließend ist. Es geht bei diesem Modul also um die Unterstützung eines pflegebedürftigen Menschen (voraussichtlich mindestens sechs Monate ab Antragstellung):

- *»bei der Bewältigung von belastenden Emotionen (wie zum Beispiel Panikattacken),*
- *beim Abbau psychischer Spannungen,*
- *bei der Impulssteuerung,*
- *bei der Förderung positiver Emotionen durch Ansprache oder körperliche Berührung,*
- *bei der Vermeidung von Gefährdungen im Lebensalltagbei*
- *Tendenz zu selbstschädigendem Verhalten«*[40]

Diese Aufzählung ist natürlich nicht abschließend, sondern nur beispielhaft. Sicher kennen Sie Dutzende weitere Phänomene und Wesenszüge, die aus einem Gesundheitsproblem heraus bei Ihren Klienten entstehen können. Im Mittelpunkt dieses Moduls »Verhaltensweisen und psychische Problemlagen« steht die Frage, inwieweit eine Person ihr Verhalten ohne personelle Unterstützung steuern kann und somit im Griff hat. Das trifft auch dann zu, wenn ein Verhalten nach Aufforderung zwar abgestellt wird, aber danach immer wieder aufs Neue auftritt. Ggf. weil das Einhaltgebieten nicht verstanden wird oder die Person nach kurzer Zeit erneut mit diesem krankheitsbedingten Verhalten beginnt.

[40] Ebd., S. 44

Info

Das Vorliegen einer Krankheit allein zählt nicht. Die Erkrankung muss vielmehr ein Verhalten auslösen und dieses wiederum muss personelle Hilfe erforderlich machen.

Falls Sie bei der Aufzählungen der genannten Problemlagen bereits den pubertierenden Sprössling vor der Eingradung sehen, (wegen Affektlabilität und belastenden Emotionen), muss ich Sie enttäuschen: Auch Verhaltensweisen, wie sie bei Beziehungsproblemen auftauchen können – bei Gesunden und auch bei Kranken – sind hier nicht gemeint. Die Punktvergabe ist hier anders als in den anderen beiden Modulen. Es werden statt Selbstständigkeit oder Fähigkeiten nur Häufigkeiten[41] erfasst. Es geht dabei nicht um das Aufzählen aufgetretener Verhalten, sondern um die Anzahl der nötigen Unterstützungsbedarfe aufgrund eines bestimmten Verhaltens:

0 Punkte =	nie oder sehr selten
1 Punkt =	selten, d. h. ein- bis dreimal innerhalb von zwei Wochen
2 Punkte =	häufig, d. h. zweimal bis mehrmals wöchentlich, aber nicht täglich
3 Punkte =	täglich

In der BRI 2021 wurde nachgebessert, auch im Modul 3. Hier sind u. a. die »Ängste« auf S. 46 neu definiert: »*Es geht hier um ausgeprägte Ängste, die wiederkehrend sind und als bedrohlich erlebt werden. Die Person hat keine eigene Möglichkeit/Strategie zur Bewältigung und Überwindung der Angst. Die Angst führt zu erheblichen psychischen oder körperlichen Beschwerden, einem hohen Leidensdruck und Beeinträchtigungen in der Bewältigung des Alltags. Ängste lassen sich nicht nur bei Angststörungen finden, sondern auch bei ande-*

[41] Ebd., S. 45

ren psychischen Störungen wie zum Beispiel bei Schizophrenie und Depression. Darüber hinaus können ausgeprägte Ängste im Sinne dieses Kriteriums auch durch rein somatische Krankheiten wie onkologische Erkrankungen verursacht werden. Das Herstellen einer angstfreien Atmosphäre durch bloße Anwesenheit einer weiteren Person (ohne deren aktive personelle Unterstützung) wird hier nicht bewertet.«

3.10.5 Modul 4: Selbstversorgung

In der Selbstversorgung tauchen alle vertrauten Begrifflichkeiten der Grundpflege auf. Auch die Fähigkeiten in der Grundpflege werden je nach Grad der Selbstständigkeit mit Punkten bewertet. Bevor man jedoch die Selbstständigkeit und Fähigkeit eines Kunden bewertet, müssen sog. besondere Bedarfsaspekte[42] erfasst werden (BRi, S. 47).

- **Ernährung parenteral oder über Sonde:** parenteral z. B. über Port, über eine perkutane endoskopische Gastrostomie (PEG), perkutane endoskopischen Jejunostomie (PEJ), nasale Magensonde, sowie ob die Ernährung über Pumpe, Schwerkraft oder als Bolusgabe erfolgt.
- **Blasenkontrolle/Harnkontinenz:** Gemeint ist hier jede Art von Harninkontinenz, unabhängig von der Ursache und der Art der Versorgung.
  Es sind folgende Merkmalsausprägungen vorgesehen:
  - Ständig kontinent: Die Blasenkontrolle ist unbeeinträchtigt.
  - Überwiegend kontinent: Maximal einmal täglich inkontinent oder Tröpfcheninkontinenz.
  - Überwiegend inkontinent: Mehrmals täglich inkontinent, aber gesteuerte Blasenentleerung ist noch teilweise möglich.
  - Komplett inkontinent: Die Person ist komplett harninkontinent. Gesteuerte Blasenentleerung ist nicht möglich.
    »Alternativ anzugeben ist, ob ein suprapubischer oder transurethraler Dauerkatheter oder Urostoma vorhanden ist. Einmalkatheterisieren ist nicht hier sondern unter Punkt F 4.5.10 zu berücksichtigen, hier ist anzugeben, ob und in welchem Umfang daneben eine Inkontinenz besteht.«[43]

---

[42] Ebd., S. 47
[43] Ebd.

- Darmkontrolle, Stuhlkontinenz
  Zu bewerten ist hier die Kontrolle der Darmentleerung.
  Es sind folgende Merkmalsausprägungen vorgesehen:
  - Ständig kontinent: Die Kontinenz ist unbeeinträchtigt.
  - Überwiegend kontinent: Die Person ist überwiegend stuhlkontinent, gelegentlich inkontinent oder mäßig inkontinent (geringe Stuhlmengen, sog. Schmierstühle).
  - Überwiegend inkontinent: Die Person ist überwiegend stuhlinkontinent, selten gesteuerte Darmentleerung möglich.
  - Komplett inkontinent: Die Person ist komplett stuhlinkontinent, gesteuerte Darmentleerung ist nicht möglich.

  Alternativ anzugeben ist, ob ein Colo- oder Ileostoma vorhanden ist.

Sind diese besonderen Bedarfe erfasst, geht es in die Detailbewertung der einzelnen Verrichtungen. Diese werden wiederum mit den bereits unter Modul 1 (Mobilität) beschriebenen Kriterien belegt:

1. selbstständig
2. überwiegend selbstständig
3. überwiegend unselbstständig
4. unselbstständig

Punktwerte bei Verrichtungen der Grundpflege

Die Verrichtungen der Grundpflege bedürfen im Allgemeinen keiner besonderen Erläuterung. Zur Abgrenzung der Punktwerte dennoch einige Beispiele:

Ankleiden

0 Punkte =	Die Person zieht sich ohne personelle Hilfe **selbstständig** an.
1 Punkt =	Die Person ist **überwiegend selbstständig**, benötigt aber Hilfe beim Hineinschlüpfen in ein Kleidungstück, beim Schließen von Knöpfen oder Reißverschlüssen oder es muss kontrolliert werden, dass die Person angezogen ist.
2 Punkte =	**Überwiegend unselbstständig** ist eine Person, wenn sie nur wenige Beitrag leisten kann beim Ankleiden und z. B. nur die Arme heben nach Aufforderung zum Hineinschlüpfen
3 Punkte =	Die Person ist **unselbstständig**, sie kann sich nicht oder nur minimal beteiligen.

Trinken

0 Punkte =	Die Person trinkt **selbstständig** ohne personelle Hilfe. Niemand muss sie daran erinnern, niemand muss nachhelfen.
2 Punkte =	Die Person ist **überwiegend selbstständig**. Man muss aber die Getränke in unmittelbare Sichtweite stellen oder an das Trinken erinnern.
4 Punkte =	**Überwiegend unselbstständig** ist eine Person, wenn man ihr das Getränk in die Hand geben muss, damit sie dann trinken kann. Oder die Person benötigt permanente Aufforderungen zum Trinken oder sie muss beim Trinken beobachtet werden, weil die Gefahr des Verschluckens besteht.
6 Punkte =	Die Person bekommt das Trinken angereicht, sie ist **unselbstständig**.

Benutzen einer Toilette oder eines Toilettenstuhls

Zur Benutzung einer Toilette oder eines Toilettenstuhls gehört auch das Gehen zur Toilette, das Hinsetzen und Aufstehen von der Toilette, das Sitzen während der Blasen- oder Darmentleerung, die Intimhygiene (Säubern des Intimbereiches) sowie das Richten der Kleidung (das Hoch- und Herunterziehen der Kleidung vor und nach der Ausscheidung). Die Beurteilung ist unabhängig davon, ob jemand die Toilette nutzt oder stattdessen eine Versorgung mit Hilfsmitteln erfolgt (z. B. Inkontinenzmaterialwechsel, Katheter, Urostoma, Ileo- oder Colostoma).

Für die Fähigkeit, Selbstständigkeit oder Abhängigkeit gibt es Punkte:

0 Punkte =	Die Person ist **selbstständig**, benötigt in keinem Handlungsschritt der Ausscheidung personelle Hilfe.
1 Punkt =	Die Person ist **überwiegend selbstständig**, benötigt aber in einem der aufgeführten Kriterien Hilfe, z. B.: • Bereitstellen und Leeren des Toilettenstuhls (alternativ: Urinflasche oder anderer Behälter) **oder** • Orientierungshinweise zum Auffinden der Toilette **oder** • Begleitung auf dem Weg zur Toilette **oder** • Anreichen von Toilettenpapier/Waschlappen zur Intimhygiene **oder** • Intimhygiene (= Abputzen) nur nach dem Stuhlgang **oder** • Unterstützung beim Hinsetzen, Aufstehen von der Toilette **oder** • punktuelle Hilfe beim Richten der Bekleidung (Hoch oder Herunterziehen, zurechtziehen der Kleidung vor und oder nach der Ausscheidung).
2 Punkte =	**Überwiegend unselbstständig** ist eine Person, wenn sie nur einige der oben genannten Kriterien selbstständig erledigen kann und beim Rest Hilfe benötigt.
3 Punkte =	Die Person ist **unselbstständig**. Sie kann sich nicht oder nur minimal beim Ausscheidungsvorgang oder Inkontinenzmaterialwechsel beteiligen.

3.10.6 Modul 5: Bewältigung von und selbstständiger Umgang mit krankheits- oder therapiebedingten Anforderungen und Belastungen

Wie bei allen anderen Modulen und Berechnungen auch, geht es hier darum, dass der Antragsteller einen Hilfebedarf durch eine andere Person voraussichtlich für sechs Monate hat. Verrichtungen, Tätigkeiten und Hilfen unterhalb einer Dauer von sechs Monaten nach Antragstellung werden also nicht berechnet. Zum Modul 5 zählen z. B. die aktuelle medikamentöse Therapie oder andere angeordnete Therapiemaßnahmen, Arztbesuche, Heilmitteltherapie (Physikalische Therapie, Ergotherapie, Stimm-, Sprech- und Sprachtherapie, Podologische Therapie). Dabei ist für die Berechnung und die Punktbewertung unerheblich, wer diese Hilfen ggf. erbringt. Ob ein ambulanter Pflegedienst dies über einen Verordnungsschein abrechnet oder die professionelle teilstationäre oder stationäre Altenhilfe sich um die medizinische Versorgung bemüht. Ob Laien die Hilfe leisten oder Profis – Es zählt einzig die Frage, »ob die Person die jeweilige Aktivität praktisch durchführen kann. Ist dies nicht der Fall, wird die Häufigkeit der erforderlichen Hilfe durch andere Personen dokumentiert (Anzahl pro Tag/pro Woche/pro Monat).«[44]

Neu hinzugekommen in der BRI 2021 ist, dass die Leistungen von ärztlichem Personal, Personal der Arztpraxis und der Therapeuten nicht berechnet werden: *»Es ist unerheblich, ob die personelle Unterstützung durch Pflegepersonen oder Pflege(fach-)kräfte erfolgt, und auch, ob sie gemäß § 37 Absatz 2 SGB V verordnet und abgerechnet wird. Ausgenommen sind Leistungen, die durch Ärztinnen und Ärzte und Praxispersonal oder andere Therapeuten erbracht werden.«*[45]

Hinweis
Die Punktwerte sind in Modul 5 nicht wie in den anderen vier Modulen selbsterklärend. Sie ziehen sich auch nicht einheitlich durch das gesamte Modul, sondern die Berechnungsart wechselt.

Während ein Teil der medizinischen Behandlungspflege wie Medikamente, Vitalzeichen etc. nach Häufigkeiten pro Tag, Woche und Monat unterteilt werden, werden andere Bereiche wie z. B. Arzt- oder Therapeutenbesuche mit vorgegebenen Zahlen multipliziert. Ein hoch komplexes System also, das einige Übung erforderlich macht. Wichtige Änderungen in der BRI 2021 in Modul 5[46] sind zudem:

- Bei Medikation wurde geklärt, dass diese nicht nur oral berechnet wird, sondern auch über PEG, was bis dato nicht der Fall war: *»Unter oraler Medikation wird auch die Medikamentengabe über PEG berücksichtigt.«*

[44] Ebd., S. 55
[45] Ebd.
[46] Ebd., S. 56

- Einreibungen wurden präzisiert: »*Anwendungen von ärztlich angeordneten Salben, Cremes, Emulsionen et cetera, außerdem Kälte- und Wärmeanwendungen.*«
- Bei »Therapiemaßnahmen in häuslicher Umgebung« wurde klargestellt, dass nicht die Therapiezeit des Therapeuten berechnet wird, sondern die »Eigenübungen aus einer Heilmitteltherapie, aufwendige therapeutische Maßnahmen zur Sekretelimination, Peritonealdialyse.«
- Und auch der letzte Punkt Einhaltung einer Diät und anderer krankheits- oder therapiebedingter Verhaltensvorschriften in Modul 5 wurde geklärt: »*In diesem Kriterium geht es um die Einsichtsfähigkeit der Person zur Einhaltung von ärztlich angeordneten Diäten sowie Vorschriften, die sich auf vitale Funktionen (insbesondere Atmung und Herzkreislauffunktion) beziehen. Es geht nicht um die Vorbereitung oder Durchführung einer Verhaltensvorschrift oder Diät. Ausschlaggebend für eine Wertung ist, ob die Person mental in der Lage ist, die Notwendigkeit zu erkennen und die Verhaltensvorschrift einzuhalten. Zu werten ist, wie häufig aufgrund des Nichtbeachtens ein direktes Eingreifen erforderlich ist, sofern dies nicht in anderen Modulen berücksichtigt wurde.*«[47]

3.10.7 Modul 6: Gestaltung des Alltagslebens und soziale Kontakte

»*Zu bewerten ist, ob die Person die jeweilige Aktivität durchführen kann. Es ist unerheblich, ob die Beeinträchtigungen der Selbständigkeit aufgrund von Schädigungen somatischer oder mentaler Funktionen bestehen oder ob Teilaspekte bereits in anderen Modulen berücksichtigt worden sind.*«[48] Zu diesem Modul zählen[49]:

- Gestaltung des Tagesablaufs und Anpassung an Veränderungen: Hier geht es darum, ob und inwieweit eine Person »den Tagesablauf nach individuellen Gewohnheiten und Vorlieben einteilen und bewusst gestalten und gegebenenfalls die Planung an Veränderungen anpassen« kann.

---

[47] Ebd., S. 59
[48] Ebd., S. 60
[49] Ebd.

- Ruhen und Schlafen: Hierzu gehört die praktische Fähigkeit, den Raum zur Nachtruhe zu richten, ins Bett zu gelangen oder aufzustehen ebenso wie die Orientierungsfähigkeit, das Bett zur rechten Zeit zu finden oder verlassen zu können. Gemäß neuer BRI 2021 werden Behandlungspflegen in der Nacht nicht berechnet. Das widerspricht zwar klar der selbst gestellten Definition: »Es ist unerheblich, ob ...Teilaspekte bereits in anderen Modulen berücksichtigt worden sind«, aber was kann man machen? Die Behandlungspflege ist ausgeschlossen. Die Pflege allerdings bleibt anrechenbar. Fordert jemand drei- und mehrmals nachts einen Toilettengang ein, so ist das ein Unterstützungsbedarf beim Ruhen und Schlafen. Diese Person ist sogar unselbstständig und erhält den Höchstpunktwert, denn unselbstständig sind »Personen, die regelmäßig mindestens dreimal in der Nacht personelle Unterstützung benötigen.«
- Sich beschäftigen: Berechnet wird, ob die verfügbare Zeit ohne personelle Hilfe genutzt werden kann, um Aktivitäten durchzuführen, die den eigenen Vorlieben und Interessen entsprechen. Es geht hier nicht nur um grundpflegerische Tätigkeiten, sondern auch um Arbeit und Freizeitgestaltung. Es ist dabei unerheblich, ob die personelle Hilfe wegen fehlender Orientierung, Einschränkung der Sinnesorgane oder fehlender manueller Fähigkeiten o. a. erforderlich ist.
- Vornehmen von in die Zukunft gerichteter Planungen: Hierunter zählen ausschließlich Planungen die über einen Tag hinausgehen, z. B. nächsten Montag Friseurtermin.
- Interaktion mit Personen im direkten Kontakt: Hier geht es um die Kontaktaufnahme aktiv oder auf Nachfrage, beispielsweise von Angehörigen, Pflegepersonen, Mitbewohnern oder Besuchern.
- Kontaktpflege zu Personen außerhalb des direkten Umfelds: Hierunter zählt die Kontaktaufnahme mit Freunden, Bekannten, Nachbarn mittels persönlichem Kontakt, Telefon, Computer, Briefen etc.

Die Bepunktung ist wiederum am Grad der Selbstständigkeit zu ermitteln:

0 Punkte =	**Selbstständig:** die Person benötigt keine personelle Hilfe
1 Punkt =	**Überwiegend selbstständig** sind Personen, die eine Erinnerung benötigen oder denen man ein Hilfsmittel zur selbstständigen Umsetzung bereitstellt.
2 Punkte =	**Überwiegend unselbstständig** sind Personen, die größtenteils abhängig in der Gestaltung ihres Alltags, der zeitlichen Planung und/oder Kontaktaufnahme mit anderen sind. Sie agieren kaum, sie reagieren meist nur noch.
3 Punkte =	**Unselbstständig** sind Menschen, die abhängig sind und ohne die personelle Hilfe anderer weder ihren Tag noch Zeit gestalten können, mit anderen nicht kommunizieren können, keinen Kontakt aufnehmen, nicht reagieren.

Info

Die Berechnung im Modul 6 erfolgt auch dann, wenn bereits in anderen Modulen (z. B. Modul 2 und/oder Modul 3) Punkte aus gleichem Anlass heraus berechnet wurden.

3.10.8 Module 7 und 8 werden nicht berechnet

Nach der Bearbeitung der 6 Module steht das Ergebnis der Pflegebedürftigkeit bereits fest. Die beiden weiteren Bereiche, die sog. versorgungsrelevanten Informationen (Modul 7: außerhäusliche Aktivitäten und Modul 8: Haushaltsführung) werden nicht bepunktet. Sie fließen in die Berechnung des Pflegegrades auch nicht mit ein. Dennoch werden sie aufgeführt: *»Die nachfolgenden Bereiche ›außerhäusliche Aktivitäten‹ und ›Haushaltsführung‹ gehen nicht in die Ermittlung des Pflegegrades ein. Die Einschätzung der Beeinträchtigungen der Selbständigkeit oder der Fähigkeiten kann aber als ein Impuls für die individuelle Beratung oder zur Versorgungsplanung wichtig sein.«*[50]

3

3.11 Erläuterungen zu den Modulen – Was wird wie berechnet?

Die Bewertung nach Punkten ist eine differenzierte Betrachtung. Die Punkte allein besagen noch gar nichts. Sie werden nach einem ausgeklügelten System gewichtet. Erst die gewichteten Punkte ergeben den Pflegegrad. *»Der gewichtete Punktwert ergibt sich gemäß § 15 SGB XI aus der Überführung des Summenwertes pro Modul in eine fünfstufige Skala, die das Ausmaß der Beeinträchtigung in dem jeweiligen Modul widerspiegelt und der Gewichtung, mit der jedes Modul in die Gesamtbewertung eingeht:*

- *Modul 1: Mobilität = 10 Prozent*
- *Modul 2: Kognitive und kommunikative Fähigkeiten/Modul 3: Verhaltensweisen und psychische Problemlagen = 15 Prozent*
- *Modul 4: Selbstversorgung = 40 Prozent*
- *Modul 5: Bewältigung von und selbstständiger Umgang mit krankheits- oder therapiebedingten Anforderungen und Belastungen = 20 Prozent*
- *Modul 6: Gestaltung des Alltagslebens und sozialer Kontakte = 15 Prozent.«*[51]

---

[50] Ebd., S. 79 f.

[51] Ebd., S. 64

3.11.1 Modul 1: Mobilität

Tab. 17: Punktwerte im Modul 1: Mobilität

Ziffer	Kriterien	selbstständig	überwiegend selbstständig	überwiegend unselbstständig	unselbstständig
1.1	Positionswechsel im Bett	0	1	2	3
1.2	Halten einer stabilen Sitzposition	0	1	2	3
1.3	Umsetzen	0	1	2	3
1.4	Fortbewegen innerhalb des Wohnbereichs	0	1	2	3
1.5	Treppensteigen	0	1	2	3

Tab. 18: Die erreichten Punkte werden addiert und danach gewichtet

Modul	Gewichtung	keine	geringe	erhebliche	schwere	schwerste	
1. Mobilität	10 %	0–1	2–3	4–5	6–9	10–15	Erreichte Punkte im Modul 1
		0	2,5	5	7,5	10	Gewichtete Punkte im Modul 1

Wer also 9 Punkte in der Mobilität erreicht hat, wird mit 7,5 gewichtet und gewertet.

Info

Nur und ausschließlich die gewichteten Punkte werden zur Pflegebedürftigkeit nach Pflegegrad berechnet.

3

3.11.2 Modul 2: Kognitive und kommunikative Fähigkeiten

Tab. 19: Punktwerte im Modul 2: Kognitive und kommunikative Fähigkeiten

Ziffer	Kriterien	Fähigkeit vorhanden/ unbeeinträchtigt	Fähigkeit größtenteils vorhanden	Fähigkeit in geringem Maße vorhanden	Fähigkeit nicht vorhanden
2.1	Erkennen von Personen aus dem näheren Umfeld	0	1	2	3
2.2	Örtliche Orientierung	0	1	2	3
2.3	Zeitliche Orientierung	0	1	2	3
2.4	Erinnern an wesentliche Ereignisse oder Beobachtungen	0	1	2	3
2.5	Steuern von mehrschrittigen Alltagshandlungen	0	1	2	3
2.6	Treffen von Entscheidungen im Alltagsleben	0	1	2	3
2.7	Verstehen von Sachverhalten und Informationen	0	1	2	3
2.8	Erkennen von Risiken und Gefahren	0	1	2	3
2.9	Mitteilen von elementaren Bedürfnissen	0	1	2	3
2.10	Verstehen von Aufforderungen	0	1	2	3
2.11	Beteiligen an einem Gespräch	0	1	2	3

Wichtig **Punkte werden zunächst addiert, aber noch nicht gewichtet**

Bevor gewichtet werden kann, muss zunächst das Modul 3 bearbeitet werden. Modul 2 und 3 zählen nicht beide, sondern nur entweder/oder. Gezählt wird nur der jeweils höhere Wert.
Das andere Modul wird nicht berechnet und gewertet.

3.11.3 Modul 3: Verhaltensweisen und psychische Problemlagen

Tab. 20: Punktwerte in Modul 3: Verhaltensweisen und psychische Problemlagen

Ziffer	Kriterien	Nie oder selten	Selten (ein- bis dreimal innerhalb von zwei Wochen	Häufig (zweimal bis mehrmals wöchentlich, aber nicht täglich)	täglich
3.1	Motorisch geprägte Verhaltensauffälligkeiten	0	1	3	5
3.2	Nächtliche Unruhe	0	1	3	5
3.3	Selbstschädigendes und autoaggressives Verhalten	0	1	3	5
3.4	Beschädigung von Gegenständen	0	1	3	5
3.5	Physisch aggressives Verhalten gegenüber anderen Personen	0	1	3	5
3.6	Verbale Aggression	0	1	3	5
3.7	Andere pflegerelevante vokale Auffälligkeiten	0	1	3	5
3.8	Abwehr pflegerischer oder anderer unterstützender Maßnahmen	0	1	3	5
3.9	Wahnvorstellungen	0	1	3	5
3.10	Ängste	0	1	3	5
3.11	Antriebslosigkeit bei depressiver Stimmungslage	0	1	3	5
3.12	Sozial inadäquate Verhaltensweisen	0	1	3	5
3.13	Sonstige inadäquate Handlungen	0	1	3	5

3

Tab. 21: Gewichtung der Punkte in den Modulen 2 und 3

Module	Gewichtung	keine	geringe	erhebliche	schwere	schwerste	
2. Kognitive und kommunikative Fähigkeiten	15 %	0–1	2–5	6–10	11–16	17–33	Erreichte Punkte im Modul 2
3. Verhaltensweisen und psychische Problemlagen		0	1–2	3–4	5–6	7–65	Erreichte Punkte im Modul 3
Höchster Wert aus Modul 2 oder aus 2 und 3 zusammen		0	3,75	7,5	11,25	15	Gewichtete Punkte im Modul 2 oder 3

3.11.4 Modul 4: Selbstversorgung

Tab. 22: Punktwerte im Modul 4: Selbstversorgung

Ziffer	Kriterien	Selbstständig	Überwiegend selbstständig	Überwiegend unselbstständig	unselbstständig
4.4.1	Waschen des vorderen Oberkörpers	0	1	2	3
4.4.2	Körperpflege im Bereich des Kopfes (Kämmen, Zahnpflege/Prothesenreinigung, Rasieren)	0	1	2	3
4.4.3	Waschen des Intimbereichs	0	1	2	3
4.4.4	Duschen oder Baden einschließlich Waschen der Haare	0	1	2	3
4.4.5	An- und Auskleiden des Oberkörper	0	1	2	3

Ziffer	Kriterien	Selbstständig	Überwiegend selbstständig	Überwiegend unselbstständig	unselbstständig
4.4.6	An- und Auskleiden des Unterkörpers	0	1	2	3
4.4.7	Mundgerechtes Zubereiten der Nahrung und Eingießen von Getränken	0	1	2	3
4.4.8	Essen	0	3	6	9
4.4.9	Trinken	0	2	4	6
4.4.10	Benutzen einer Toilette oder eines Toilettenstuhls	0	2	4	6
4.4.11	Bewältigen der Folgen einer Harninkontinenz und Umgang mit Dauerkatheter und Urostoma	0	1	2	3
4.4.12	Bewältigen der Folgen einer Stuhlinkontinenz und Umgang mit Stoma	0	1	2	3
4.4.13	Ernährung parenteral oder über Sonde	0	1	6	3

Tab. 23: Gewichtung der Punkte im Modul 4

Module	Gewichtung	keine	geringe	erhebliche	schwere	schwerste	
4. Selbstversorgung	40 %	0–2	3–7	8–18	19–36	37–54	Erreichte Punkte im Modul 4
		0	10	20	30	40	Gewichtete Punkte im Modul 4

3.11.5 Modul 5: Umgang mit krankheits-/therapiebedingten Anforderungen und Belastungen

Tab. 24: Punktwerte im Modul 5: Umgang mit krankheits- und therapiebedingten Anforderungen und Belastungen (5.1 bis 5.10)

Ziff.	Kriterien in Bezug auf	Entfällt/ Selbstständig	Häufigkeit/ Tag	Häufigkeit/ Woche	Häufigkeit/ Monat
5.1	Medikation				
5.2	Injektionen (s. c./i. m.)				
5.3	Versorgung intravenöser Zugänge (Port)				
5.4	Absaugen oder Sauerstoffgabe				
5.5	Einreibungen, Kälte-/Wärmeanwendungen				
5.	Messung und Deutung von Körperzuständen (z. B. BZ, RR etc.)				
5.7	Körpernahe Hilfsmittel (z. B. Prothesen, Kompressionsstrümpfe)				
Summe der Maßnahmen pro Tag		0			
Summe der Maßnahmen pro Woche		0	/7	/7	/7
Summe der Maßnahmen pro Monat		0	/30	/30	/30
Umrechnung in Maßnahmen pro Tag					
Maßnahmen pro Tag		keine	1 bis max. 3	mehr als 3 bis max 8	mehr als 8
	Punktwert		1 Punkt	2 Punkte	3 Punkte
5.8	Verbandwechsel/Wundversorgung				
5.9	Wundversorgung mit Stoma				
5.10	Regelmäßige Einmalkatheterisierung, Nutzung von Abführmethoden				
5.11	Therapiemaßnahmen in häuslicher Umgebung (z. B. Bewegungsübungen, Atemgymnastik)				
	Berechnung in Punkte	Weniger als 1x Woche	Mind. 1x Woche	1–2x tägl.	Mind. 3x tägl.

Tab. 25: Punktwerte im Modul 5: Umgang mit krankheits- und therapiebedingten Anforderungen und Belastungen (5.12 bis 5.15)

Ziff.	Kriterien in Bezug auf	Keine	Täglich	Häufigkeit/ Woche multipliziert mit	Häufigkeit/ Monat multipliziert mit
5.12	Zeitlich ausgedehnte technikintensive Maßnahmen in häuslicher Umgebung (wie Hämodialyse)	0	60	8,6	2
5.13	Arztbesuche			4,3	1
5.14	Besuch anderer med./therap. Einrichtungen (bis zu 3 Std.)			4,5	1
5.15	Zeitlich ausgedehnter Besuch med./therap. Einrichtungen (länger als 3 Std.)			8,6	1

Tab. 26: Punktwerte im Modul 5: Umgang mit krankheits- und therapiebedingten Anforderungen und Belastungen (5.12 bis 5.15)

Ziff.	Kriterien in Bezug auf	Keine	Täglich	Häufigkeit/ Woche multipliziert mit	Häufigkeit/ Monat multipliziert mit
5.12	Zeitlich ausgedehnte technikintensive Maßnahmen in häuslicher Umgebung (wie Hämodialyse)	0	60	8,6	2
5.13	Arztbesuche			4,3	1
5.14	Besuch anderer med./therap. Einrichtungen (bis zu 3 Std.)			4,5	1
5.15	Zeitlich ausgedehnter Besuch med./therap. Einrichtungen (länger als 3 Std.)			8,6	1

Tab. 27: Gewichtung der Punkte im Modul 5

Module	Gewichtung	keine	geringe	erhebliche	schwere	schwerste	
5. Bewältigung von und selbstständiger Umgang mit krankheits- und therapiebedingten Anforderungen	25 %	0	1	2–3	4–5	6–15	Erreichte Punkte im Modul 5
		0	5	10	15	20	Gewichtete Punkte im Modul 5

3

3.11.6 Modul 6: Gestaltung des Alltagslebens und soziale Kontakte

Tab. 28: Punktwerte im Modul 6: Gestaltung des Alltagslebens und soziale Kontakte

Ziffer	Kriterien	Selbstständig	Überwiegend selbstständig	Überwiegend unselbstständig	unselbstständig
6.1	Gestaltung des Tagesablaufs und Anpassung an Veränderungen	0	1	2	3
6.2	Ruhen und Schlafen	0	1	2	3
6.3	Sich beschäftigen	0	1	2	3
6.4	Vornehmen von in die Zukunft gerichteten Planungen	0	1	2	3
6.5	Interaktion mit Personen im direkten Kontakt	0	1	2	3
6.6	Kontaktpflege zu Personen außerhalb des direkten Umfeldes	0	1	2	3

Tab. 29: Gewichtung der Punkte im Modul 6

Module	Gewichtung	keine	geringe	erhebliche	schwere	schwerste	
6. Gestaltung des Alltagslebens und soziale Kontakte	15 %	0	1–3	4–6	7–11	12–18	Erreichte Punkte im Modul 6
		0	3,75	7,5	11,25	15	Gewichtete Punkte im Modul 6

Der Vollständigkeit halber erläutere ich Ihnen im Folgenden die Module 7 (außerhäusliche Kontakte) und 8 (Haushaltsführung). Im Gutachten sind sie als weitere versorgungsrelevante Informationen aufgeführt.

Modul 7: Außerhäusliche Aktivitäten

Tab. 30: Außerhäusliche Aktivitäten*

Fortbewegung im außerhäuslichen Bereich	
Verlassen des Bereichs der Wohnung oder der Einrichtung	• selbstständig (ohne Begleitung) • überwiegend selbstständig (mit Unterstützung, aber auch mit Eigenaktivität der Person) • überwiegend/völlig unselbstständig, Hilfe durch eine Person reicht jedoch aus • überwiegend/völlig unselbstständig, Hilfe durch zwei Personen erforderlich
Fortbewegung außerhalb der Wohnung oder der Einrichtung (zu Fuß oder mit dem Rollstuhl)	• selbstständig (ohne Begleitung) • nur auf gewohnten Wegen selbstständig • auf allen Wegen nur mit personeller Hilfe möglich • auch mit personeller Hilfe nicht möglich
Nutzung öffentlicher Verkehrsmittel im Nahverkehr	• selbstständig (ohne Begleitung) • nur auf gewohnten Strecken selbstständig • auf allen Strecken nur mit personeller Hilfe möglich • auch mit personeller Hilfe nicht möglich

Fortbewegung im außerhäuslichen Bereich	
Mitfahren in einem Kraftfahrzeug	• selbstständig • benötigt nur Hilfe beim Ein-/Aussteigen (Hilfsperson während der Fahrt ist nicht erforderlich) • benötigt Hilfe (auch) während der Fahrt mit dem PKW/Taxi (zusätzlich zum Fahrer) nicht möglich, • Liegendtransport oder Transport im Rollstuhl (Spezialfahrzeuge) notwendig
Teilnahme an Aktivitäten (Beurteilung ohne Berücksichtigung von Wegstrecken)	
Teilnahme an kulturellen, religiösen oder sportlichen Veranstaltungen	• Teilnahme selbstständig möglich • nicht selbstständig, • Teilnahme ist nur mit unterstützender Begleitung möglich • Teilnahme ist auch mit unterstützender Begleitung nicht möglich
Besuch eines Arbeitsplatzes, einer Werkstatt für behinderte Menschen oder einer Einrichtung der Tages- oder Nachtpflege oder eines Tagesbetreuungsangebotes	• Arbeitsplatz • Werkstatt für behinderte Menschen • Tages- oder Nachtpflegeeinrichtung • Tagesbetreuung • Angebote zur Unterstützung im Alltag • Keine
Teilnahme an sonstigen Aktivitäten mit anderen Menschen (Besuche, organisierte Freizeitaktivitäten, Selbsthilfegruppen, Vereine etc.)	• Teilnahme ist selbstständig möglich • Nicht selbstständig, • Teilnahme ist nur mit unterstützender Begleitung möglich.
* Ebd., S. 174 f.	

3

Modul 8 Haushaltsführung

Tab. 31: Punktwerte im Modul 8: Haushaltsführung

		Selbstständig	Überwiegend selbstständig	Überwiegend unselbstständig	unselbstständig
	Einkaufen für den täglichen Bedarf				
	Zubereitung einfacher Mahlzeiten				
	Einfache Aufräum- und Reinigungsarbeiten				
	Aufwändige Aufräum- und Reinigungsarbeiten, einschließlich Wäschepflege				
	Nutzung von Dienstleistungen				
	Umgang mit finanziellen Angelegenheiten				
	Umgang mit Behördenangelegenheiten				

Fazit **Wichtige Module**

Auch wenn die Haushaltsführung und außerhäuslichen Kontakte nicht zur Pflegebedürftigkeit und einem Pflegegrad führen, so sind sie doch sehr aussagekräftig, um das Bild des Pflegebedürftigen, seiner Fähigkeiten und Einschränkungen abzurunden. Wer in Sachen Haushaltsführung selbstständig ist, wird in Sachen Selbstversorgung ebenfalls selbstständig sein. Denn wer im Haushalt keine Hilfe benötigt, wird an seinem Körper ebenfalls nicht auf Hilfen angewiesen sein.

3.11.7 Die Gewichtung der Punkte

Tab. 32: Gewichtung der Punkte – eine Übersicht

Module	Gewichtung	keine	geringe	erhebliche	schwere	schwerste	
1. Mobilität	10 %	0–1	2–3	4–5	6–9	10–15	Erreichte Punkte im Modul 1
		0	2,5	5	7,5	10	Gewichtete Punkte im Modul 1
2. Kognitive und kommunikative Fähigkeiten	15 %	0–1	2–5	6–10	11–16	17–33	Erreichte Punkte im Modul 2
3. Verhaltensweisen und psychische Problemlagen		0	1–2	3–4	5–6	7–65	Erreichte Punkte im Modul 3
Höchster Wert aus Modul 2 oder aus 2 und 3 zusammen	15 %	0	3,75	7,5	11,25	15	Gewichtete Punkte im Modul 2 oder 3
4. Selbstversorgung	40 %	0–2	3–7	8–18	19–36	37–54	Erreichte Punkte im Modul 4
		0	10	20	30	40	Gewichtete Punkte im Modul 4

3

<table>
<tr><th>Module</th><th>Gewichtung</th><th>keine</th><th>geringe</th><th>erhebliche</th><th>schwere</th><th>schwerste</th><th></th></tr>
<tr><td rowspan="2">5. Bewältigung von und selbstständiger Umgang mit krankheits- und therapiebedingten Anforderungen</td><td rowspan="2">25 %</td><td>0</td><td>1</td><td>2–3</td><td>4–5</td><td>6–15</td><td>Erreichte Punkte im Modul 5</td></tr>
<tr><td>0</td><td>5</td><td>10</td><td>15</td><td>20</td><td>Gewichtete Punkte im Modul 5</td></tr>
<tr><td rowspan="2">6. Gestaltung des Alltagslebens und soziale Kontakte</td><td rowspan="2">15 %</td><td>0</td><td>1–3</td><td>4–6</td><td>7–11</td><td>12–18</td><td>Erreichte Punkte im Modul 6</td></tr>
<tr><td>0</td><td>3,75</td><td>7,5</td><td>11,25</td><td>15</td><td>Gewichtete Punkte im Modul 6</td></tr>
<tr><td>7. Außerhäusliche Aktivitäten</td><td colspan="7" rowspan="2">Die Berechnung einer Modulbewertung ist entbehrlich, da die Darstellung der qualitativen Ausprägungen bei den einzelnen Kriterien ausreichend ist, um Anhaltspunkte für eine Versorgungs- und Pflegeplanung ableiten zu können.</td></tr>
<tr><td>8. Haushaltsführung</td></tr>
</table>

3.12 Besonderheiten bei der Feststellung von Pflegebedürftigkeit bei Kindern

Wie in den früheren Begutachtungs-Richtlinien auch, werden pflegebedürftige Kinder den nicht pflegebedürftigen gegenübergestellt, um die Pflegebedürftigkeit festzustellen. Bei der Betrachtung der Selbstständigkeit, Fähigkeit oder Abhängigkeit wird also geschaut, wie ein zu Begutachtender von einem gleichaltrigen Kind abweicht. Dabei ist die normale kindliche Entwicklung und Variabilität aller Entwicklungsschritte zu beachten.

3.12.1 Die gutachterliche Erhebung

Wie bei den Erwachsenen auch geht es bei den Kindern und Jugendlichen bis 18 Jahren darum, gutachterliche Feststellungen zur Pflegesituation zu treffen. Dazu gehören insbesondere folgende Beobachtungen oder Schilderungen der Eltern/Pflegepersonen wie sie in den Begutachtungs-Richtlinien[52] aufgeführt werden:

»Folgende Auffälligkeiten sind konkret zu dokumentieren, zum Beispiel:

- *Atmung: Husten, Stridor, Rasseln, Tachypnoe, angestrengte Atmung*
- *Haut: Zyanose, Blässe, Ikterus, Ekzeme, Ödeme, Hämatome, Kratzspuren, schweißige Haut, trockene Haut*
- *Ernährung: Schluckstörungen, Speicheln, Erbrechen, Mundmotorik (PEG/PEJ sind im Modul 4 zu erfassen)*
- *Blasen-/Darmentleerung: Sauberkeitsentwicklung, Durchfall, Verstopfung, Blasenentleerungsstörung – Zu Seh- und Hörvermögen ist eine Aussage zu treffen. Hier können zusätzlich Angaben der Eltern sowie zeitnahe Ergebnisse aus den Vorsorgeuntersuchungen (›gelbes Vorsorgeheft‹) angegeben werden, zum Beispiel Neugeborenen-Hörscreening, Sehprüfungen.*
- *Sprech- und Sprachvermögen sind zu beschreiben.*

[52] Ebd., S. 110

Bezüglich ZNS und Psyche ist Folgendes zu berücksichtigen:

- *Muskeltonusveränderungen, Paresen oder Kontrakturen (bereits beschriebene Auffälligkeiten müssen hier nicht noch einmal aufgeführt werden).*
- *Zerebrale Anfallsleiden einschließlich Krampfanfälle werden nach Art, Häufigkeit und Dauer in der Regel bereits in der Anamnese erfasst.*
- *Es sind während der Begutachtung beobachtete Verhaltensweisen zu beschreiben in Ergänzung zu den anamnestisch angegebenen Auffälligkeiten und den Hinweisen, die sich auch aus medizinischen Unterlagen oder Schulzeugnissen ergeben.*
- *Zu beurteilen sind das Verhalten gegenüber fremden oder bekannten Personen, Spiel-und Lernverhalten, Antrieb und Beschäftigung.*
- *Hier sind auch Störungen der Intelligenz, der Wahrnehmung und des Denkens zu dokumentieren. Aussagen zur Kognition wie zum Beispiel zur Orientierung (örtlich und zeitlich), zum Sprachverständnis und zum Gedächtnis sind zu tätigen.*

Autismus-Spektrumstörungen sind hier ebenfalls darzustellen Emotionale Verhaltensweisen und psychische Problemlagen wie z. B. Unruhezustände (tageszeitabhängig), Ängste, Aggressivität, Autoaggression sowie mangelndes Gefahrenbewusstsein sind zu beschreiben.«

3.12.2 Altersentsprechende Betrachtung

Neben diesen Feststellungen stellt der Gutachter wie bei Erwachsenen auch den Grad der Selbstständigkeit fest. *»Zu beachten ist jedoch, dass bei Kindern der tatsächliche Grad der Abhängigkeit von personeller Hilfe erfasst wird, unabhängig davon, ob dieser altersentsprechend oder Folge gesundheitlich bedingter Beeinträchtigungen der Selbstständigkeit oder der Fähigkeiten sind.«*[53]

---

[53] Ebd., S. 110

Tab. 33: Altersentsprechender Selbstständigkeitsgrad in Modul 1: Mobilität

	unselbstständig	überwiegend unselbstständig	überwiegend selbstständig	selbstständig
Positionswechsel im Bett	unter 1 Monat	von 1 Monat bis unter 3 Monate	von 3 Monaten bis unter 9 Monate	ab 9 Monaten
Halten einer stabilen Sitzposition	unter 6 Monaten	von 6 Monaten bis unter 8 Monate	von 8 Monaten bis unter 9 Monate	ab 9 Monaten
Umsetzen	unter 8 Monaten	von 8 Monaten bis unter 9 Monate	von 9 Monaten bis unter 11 Monate	ab 11 Monaten
Fortbewegen innerhalb des Wohnbereichs	unter 12 Monaten	von 12 Monaten bis unter 13 Monate	von 13 Monaten bis unter 18 Monate	ab 18 Monaten

3

Tab. 34: Altersentsprechender Selbstständigkeitsgrad in Modul 2: Kognitive und kommunikative Fähigkeiten

	nicht vorhanden	in geringem Maße vorhanden	größtenteils vorhanden	vorhanden/ unbeeinträchtigt
Erkennen von Personen aus dem näheren Umfeld	unter 6 Wochen	von 6 Wochen bis unter 9 Monate	von 9 Monaten bis unter 15 Monate	ab 15 Monaten
Örtliche Orientierung	unter 13 Monaten	von 13 Monaten bis unter 18 Monate	von 18 Monaten bis unter 6 Jahre	ab 6 Jahren
Zeitliche Orientierung	unter 2 Jahren und 6 Monate	von 2 Jahren und 6 Monaten bis unter 5 Jahre	von 5 Jahren bis unter 7 Jahre	ab 7 Jahren
Erinnern an wesentliche Ereignisse oder Beobachtungen	unter 9 Monaten	von 9 Monaten bis unter 3 Jahre	von 3 Jahren bis unter 5 Jahre und 6 Monate	ab 5 Jahren und 6 Monate

	nicht vorhanden	in geringem Maße vorhanden	größtenteils vorhanden	vorhanden/ unbeeinträchtigt
Steuern von mehrschrittigen Alltagshandlungen	unter 5 Monaten	von 5 Monaten bis unter 12 Monate	von 12 Monaten bis unter 15 Monate	ab 15 Monaten
Treffen von Entscheidungen im Alltagsleben	unter 18 Monaten	von 18 Monaten bis unter 2 Jahren und 6 Monate	von 2 Jahren und 6 Monate bis unter 4 Jahre und 6 Monate	ab 4 Jahren und 6 Monate
Verstehen von Sachverhalten und Informationen	unter 4 Jahren	von 4 Jahren bis unter 5 Jahre	von 5 Jahren bis unter 6 Jahre	ab 6 Jahren
Erkennen von Risiken und Gefahren	unter 2 Jahren und 6 Monate	von 2 Jahren und 6 Monate bis unter 6 Jahren und 6 Monate	von 6 Jahren und 6 Monate bis unter 10 Jahre	ab 10 Jahren
Mitteilen von elementaren Bedürfnissen	unter 3 Monaten	von 3 Monaten bis unter 13 Monate	von 13 Monaten bis unter 4 Jahre	ab 4 Jahren
Verstehen von Aufforderungen	unter 16 Monaten	von 16 Monaten bis unter 18 Monate	von 18 Monaten bis unter 2 Jahre und 6 Monate	ab 2 Jahren und 6 Monate
Beteiligen an einem Gespräch	unter 15 Monaten	von 15 Monaten bis unter 2 Jahre	von 2 Jahren bis unter 4 Jahre	ab 4 Jahren

Info

Modul 3 wie bei Kindern genauso gewertet wie bei Erwachsenen.

Tab. 35: Altersentsprechender Selbstständigkeitsgrad in Modul 4: Selbstversorgung

	unselbst-ständig	überwiegend unselbstständig	überwiegend selbstständig	selbst-ständig
Waschen des vorderen Oberkörper	unter 2 Jahren	von 2 Jahren bis unter 4 Jahre	von 4 Jahren bis unter 6 Jahre	ab 6 Jahren
Körperpflege im Bereich des Kopfes	unter 18 Monaten	von 18 Monaten bis unter 3 Jahren und 6 Monate	von 3 Jahren und 6 Monate bis unter 5 Jahre	ab 5 Jahren
Waschen des Intimbereichs unter 2 Jahren	unter 2 Jahren	von 2 Jahren bis unter 4 Jahre	von 4 Jahren bis unter 6 Jahre	ab 6 Jahren
Duschen und Baden einschließlich Waschen der Haare	unter 3 Jahren und 6 Monate	von 3 Jahren und 6 Monate bis unter 4 Jahre	von 4 Jahren bis unter 8 Jahre	ab 8 Jahren
An- und Auskleiden des Oberkörpers	unter 18 Monaten	von 18 Monaten bis unter 3 Jahre und 6 Monate	von 3 Jahren und 6 Monate bis unter 6 Jahre	ab 6 Jahren
An- und Auskleiden des Unterkörpers	unter 18 Monaten	von 18 Monaten bis unter 3 Jahre und 6 Monate	von 3 Jahren und 6 Monate bis unter 6 Jahre	ab 6 Jahren
Mundgerechtes Zubereiten der Nahrung und Eingießen von Getränken	unter 2 Jahren	von 2 Jahren bis unter 5 Jahre und 6 Monate	von 5 Jahren und 6 Monate bis unter 8 Jahre	ab 8 Jahren
Essen (Dreifachwertung)	unter 7 Monaten	von 7 Monaten bis unter 20 Monate	von 20 Monaten bis unter 2 Jahre und 6 Monate	ab 2 Jahren und 6 Monate
Trinken (Doppelwertung)	unter 8 Monaten	von 8 Monaten bis unter 11 Monate	von 11 Monaten bis unter 2 Jahre	ab 2 Jahren
Benutzen einer Toilette oder eines Toilettenstuhls (Doppelwertung)	unter 18 Monaten	von 18 Monaten bis unter 3 Jahren und 6 Monate	von 3 Jahren und 6 Monate bis unter 6 Jahre	ab 6 Jahren

	unselbstständig	überwiegend unselbstständig	überwiegend selbstständig	selbstständig
Bewältigen der Folgen einer Harninkontinenz und Umgang mit Dauerkatheter und Urostoma	unter 5 Jahren	ab 5 Jahren		
Bewältigen der Folgen einer Stuhlinkontinenz und Umgang mit Stoma	unter 5 Jahren	ab 5 Jahren		
Ernährung parenteral oder über Sonde	unter 18 Monaten	ab 18 Monaten		

Info

Modul 5 wird bei Kindern genauso bewertet wie bei den Erwachsenen.

Tab. 36: Altersentsprechender Selbstständigkeitsgrad in Modul 6: Gestaltung des Alltagslebens und sozialer Kontakte

	unselbstständig	überwiegend unselbstständig	überwiegend selbstständig	selbstständig
Gestaltung des Tagesablaufs und Anpassung an Veränderungen	unter 2 Jahren und 6 Monaten	von 2 Jahren und 6 Monaten bis unter 5 Jahre	von 5 Jahren bis unter 7 Jahre	ab 7 Jahren
Ruhen und Schlafen	unter 6 Monaten	von 6 Monaten bis unter 5 Jahre	von 5 Jahren bis unter 11 Jahre	ab 11 Jahren
Sich beschäftigen	unter 6 Monaten	von 6 Monaten bis unter 3 Jahre	von 3 Jahren bis unter 5 Jahre	ab 5 Jahren

	unselbstständig	überwiegend unselbstständig	überwiegend selbstständig	selbstständig
Vornehmen von in die Zukunft gerichteten Planungen	unter 2 Jahren und 6 Monaten	von 2 Jahren und 6 Monaten bis unter 3 Jahren	von 3 Jahren bis unter 5 Jahre	ab 5 Jahren
Interaktion mit Personen im direkten Kontakt	unter 6 Wochen	von 6 Wochen bis unter 9 Monate	von 9 Monaten bis unter 12 Monate	ab 12 Monaten
Kontaktpflege zu Personen außerhalb des direkten Umfelds	unter 12 Monaten	von 12 Monaten bis unter 3 Jahre	von 3 Jahren bis unter 5 Jahre	ab 5 Jahren

Wie bereits erwähnt, wird das pflegebedürftige Kind mit dem Entwicklungsstand gleichaltriger, nicht pflegebedürftiger Kinder verglichen. Wenn das pflegebedürftige Kind bei einem Kriterium »unselbstständig« ist, bei dem altersentsprechend entwickelte Kinder »überwiegend selbstständig« sind, resultieren daraus 2 Punkte für die Berechnung der Summe der Einzelpunkte im jeweiligen Modul. Wenn das pflegebedürftige Kind beispielsweise bei dem Kriterium »Benutzen der Toilette« »überwiegend unselbstständig« ist, weil es sich beispielsweise weder nach Wasserlassen noch Stuhlgang abputzen kann und bei der Ausscheidung nicht allein gelassen werden kann, während ein dem Alter entsprechend entwickeltes Kind bereits selbstständig ist, so werden für das pflegebedürftige Kind 4 Punkte (doppelter Punktwert) berechnet. Muss ein pflegebedürftiges Kind getragen oder gefahren werden, während ein gleichaltriges Kind bereits selbstständig ist, so ist das pflegebedürftige Kind unselbstständig und erhält 3 Punkte angerechnet.

Info

Erst ab 11 Jahren bedarf es der oben genannten tabellarischen Gegenüberstellung der Altersentwicklung nicht mehr, denn Kinder ab 11 Jahren sollten selbstständig sein.

3.12.3 Ausnahme: Pflegebedürftige Kinder unter 18 Monaten

Bei Kindern im Alter bis zu 18 Monaten werden die Kriterien KF 4.4.1 bis KF 4.4.13 (Waschen des vorderen Oberkörpers, Körperpflege im Bereich des Kopfes, Waschen des Intimbereichs, Duschen und Baden einschließlich Waschen der Haare, An- und Auskleiden des Oberkörpers, An- und Auskleiden des Unterkörpers, Mundgerechtes Zubereiten der Nahrung und Eingießen von Getränken, Essen, Trinken, Benutzen einer Toilette oder eines Toilettenstuhls, Bewältigen der Folgen einer Harninkontinenz und Umgang mit Dauerkatheter und Urostoma, Bewältigen der Folgen einer Stuhlinkontinenz und Umgang mit Stoma, Ernährung parenteral oder über Sonde) durch die Frage KF 4.4.0 ersetzt:

- Bestehen gravierende Probleme bei der Nahrungsaufnahme, die einen außergewöhnlich pflegeintensiven Hilfebedarf im Bereich der Ernährung auslösen?

Dieses Kriterium ist erfüllt, wenn der Aufwand bei der Nahrungsaufnahme das altersübliche Maß in Frequenz oder Zeitaufwand deutlich übersteigt.

- Die Bedarfslage dieser Kinder ist unabhängig vom zugrunde liegenden Krankheitsbild (z. B. frühkindliche Hirnschädigung, angeborene Herzfehler) in der Regel gekennzeichnet von Trinkschwäche, »tröpfchenweiser« oder besonders häufiger Nahrungsaufnahme, Schluckstörungen, Erbrechen etc.
- Einen sehr pflegeintensiven Hilfebedarf im Bereich der Ernährung haben auch Kinder mit angeborenen Lippen-Kiefer-Gaumenspalten oder anderen Fehlbildungen des Verdauungstraktes (z. B. Ösophagus-Atresie), bei denen sich der Aufwand der Ernährung nach erfolgter Operation früher oder später normalisieren kann.

3.13 Der Widerspruch

So intensiv auch die Begutachtungssituation war, so akribisch auch gerechnet wurde – auch mit dem Neuen Begutachtungsinstrument wird nicht jedes Gutachten so ausfallen, wie sich das der Antragsteller gedacht hat. In dem Falle gilt, was immer gilt, wenn etwas nicht so ausfiel, wie man sich das gedacht hat: Es wird Widerspruch eingelegt.

3.13.1 Erst einmal formlos

Die Pflegekasse verschickt an den Pflegebedürftigen (evtl. auch an die Leistungserbringer in Kopie), einen Bescheid. Gegen diesen Bescheid kann innerhalb einer Frist von einem Monat ein Widerspruch formuliert werden. Dieser Widerspruch kann formlos geschehen, z. B.: »Hiermit widerspreche ich dem Bescheid vom 12. Januar 20.. .« Es kann aber sinnvoll sein, vorher das persönliche Gespräch mit dem Sachbearbeiter der Kasse zu suchen. Die Pflegekassen sind verpflichtet, dem Versicherten alle notwendigen Auskünfte zu erteilen und bei Problemen beratend zur Seite zu stehen. Achten Sie auch darauf, das Gutachten zu erhalten. Der Antragsteller bekommt immer sein Gutachten, zusammen mit dem Bescheid, es sei denn er lehnt bei der Begutachtung eindeutig ab. Aber warum sollte er das tun?

Wichtig **Keine Begründung ohne Kenntnis des Gutachtens**

Wenn Sie das Gutachten noch nicht kennen, sollten Sie Ihren Widerspruch auch nicht begründen. Erst wenn Sie das Gutachten in den Händen halten, wissen Sie letztendlich auch, wie der Widerspruch zu begründen ist. Denn im Gutachten steht, wie die Selbstständigkeit bewertet wurde.

3.13.2 Widerspruch lohnt sich

Ein Widerspruch lohnt sich. Das zeigt Tabelle 37.

Tab. 37: Die Antrags- und Bewilligungsquote der Pflegeversicherung*

Jahr	im Jahr gestellte Anträge	davon			Bewilligungs-quote in %
		bewilligt	abgelehnt	auf sonstige Art erledigt	
1995	2 132 330	1 519 845	383 074	21 670	79,0
1996	1 254 267	899 521	324 253	43 322	71,0
1997	924 591	685 298	245 497	37 532	70,8
1998	864 520	618 405	214 642	35 638	71,2
1999	898 182	637 912	209 608	30 121	72,7
2000	830 849	594 417	187 897	29 249	73,2
2001	836 618	588 563	186 053	31 065	73,1
2002	756 184**	604 479	188 755	29 717	73,5
2003	808 055	595 045	190 005	28 882	73,1
2004	807 498	574 185	190 152	30 461	72,3
2005	810 117	590 036	198 051	34 808	71,7
2006	801 717	573 159	194 318	34 426	71,5
2007	889 448	633 679	215 556	38 849	71,4
2008	905 853	625 553	221 583	35 715	70,9
2009	903 162	681 061	229 788	36 499	71,9
2010	947 217	683 869	231 081	33 480	72,1
2011	870 738	633 122	224 440	20 205	72,1
2012	917 142	693 730	239 674	18 818	72,9
2013	1 006 505	743 792	250 093	15 523	73,7
2014	958 054	702 891	237 255	16 168	73,5
2015	1 030 854	750 794	251 415	17 879	73,6
2016	1 125 080	749 884	283 188	19 724	71,2
2017	1 339 959	1 038 544	269 448	21 097	78,1
2018	1 253 026	1 040 743	198 474	23 245	82,4
2019	1 165 346	946 252	192 585	73 585	78,0

* https://www.bundesgesundheitsministerium.de/themen/pflege/pflegeversicherung-zahlen-und-fakten.html

** Niedrigere Zahl aufgrund einer korrigierten Bestandsauszählung

Sieht man sich die Zahl in der Spalte »auf sonstige Art erledigt« an, wird deutlich, dass hier Potenzial steckt. Denn dies sind offensichtlich Anträge, die zurückgezogen wurden. Da hatte jemand also kein Durchhaltevermögen. Dabei ist die Einreichung einer Klage beim Sozialgericht kostenlos. Aber in den Zahlen stecken natürlich auch Todesfälle. Ich habe dies in der eigenen Familie erlebt. Als für meinen Vater gerade ein Höherstufungsantrag lief, verstarb er. Ein Kassenmitarbeiter rief daraufhin meine Mutter an und sprach sein Beileid aus. Gleichzeitig meinte er, dass sich »das mit dem Antrag ja dann wohl erledigt« hätte. Meine Mutter wusste es in dem Moment nicht anders und bejahte. Einige Tage später erzählte sie mir davon und wir teilten der Pflegekasse schriftlich mit, dass wir an der Höherstufung festhalten würden.

Wichtig **Leistungen auch nach dem Tod**

Auch wenn der Versicherte verstirbt, kann er dennoch einen Pflegegrad erhalten. Die Leistung der Pflegeversicherung gilt – bei Bewilligung – rückwirkend zum Datum der Antragstellung. Es gibt keinen Grund, auf die Leistung nach dem Tod des Versicherten zu verzichten?

3.13.3 »Antrag abgelehnt« – gibt es Quoten beim MDK?

»Im Zweifel gegen den Patienten« – der Kampf um die Pflegestufe«. So war ein Betrag in der Sendung »Report Mainz«[54] überschrieben. Festgestellt wurde damals (2014), dass in neun von 15 Medizinischen Diensten der Bundesländer hauptamtliche Kassenmitarbeiter an der Spitze des Verwaltungsrats, des MDK, standen. In Rheinland-Pfalz waren es sogar zwei Kassenchefs. »Man bringt den MDK auf Kassenlinie. Also man könnte auch sagen, das sind Zustände, in denen der MDK in den Würgegriff der Kassen kommt«, kam Prof. Ingo Heberlein in dem Beitrag zu Wort. Report Mainz ging der Frage nach, wie viele aktuelle oder ehemalige hauptamtliche Kassenmitarbeiter der gesetzlichen Krankenkassen in den Verwaltungsräten des MDK

[54] Sendung vom 11. 8. 2014

sitzen. Im Saarland und in Sachsen waren es fast 60 % der Verwaltungsräte, beim MDK Nord über 50 % und in Berlin-Brandenburg über 40 %. Im Ergebnis saßen in allen MDKs bundesweit hauptamtliche Kassenmitarbeiter in den Verwaltungsräten. Der damalige Bundesgesundheitsminister Hermann Gröhe wurde in der Sendung zitiert: »Deswegen lasse ich in meinem Hause die Frage prüfen, ob wir entweder zu einer Begrenzung der Zahl der Hauptamtlichen aus Krankenkassen in diesen Gremien kommen oder gar zu einer Unvereinbarkeit einer Gremienmitgliedschaft mit einer entsprechenden hauptamtlichen Tätigkeit.« Das wird sich erst ändern, wenn die MDK in MD umfirmiert sind und beim jeweiligen Land angesiedelt sind.

3.13.4 Wie wird der Widerspruch innerhalb der Kasse behandelt?

Die Kasse prüft zunächst nach Aktenlage, ob Hinweise dafür vorliegen, dass der Widerspruch berechtigt ist. Dazu erhält der Erstgutachter die Möglichkeit, sein Gutachten und seine Feststellungen noch einmal zu überprüfen. Wie groß ist die Chance, dass er seine Fehler entdeckt? Danach liest ein Zweitgutachter gegen. Kommt er zu keinem anderen Ergebnis, wird die Kasse, soweit sie keine weiteren Erkenntnisse hat, den Widerspruch ablehnen. Der Versicherte oder sein Vertreter hat nun die Möglichkeit, gegen diesen erneuten ablehnenden Bescheid einen Widerspruch zu formulieren. Jeder hat das Recht, einen Fachanwalt für Sozialrecht (nur Beratung!) hinzuzuziehen. Hier entstehen keine Kosten gegenüber der Pflegekasse, auch wenn der Widerspruch abgewiesen wird. Dies gilt nicht für einen privaten Rechtsbeistand (Anwalt). Der letzte Gang kann vor das Sozialgericht sein, mit Sitz am Wohnort des Klägers. Dieser Gang zum Sozialgericht birgt keine versteckten Kosten. Man muss weder den gegnerischen Anwalt noch den Sachverständigen oder das Gericht bezahlen. Lediglich seine eigenen Kosten und den eigenen Anwalt muss man im Falle einer Niederlage aus eigener Tasche zahlen.

4 Die neue Begutachtung – Fallbeispiele

Ich möchte Ihnen hier nun einige Fallbespiele von Pflegebedürftigen aus der ambulanten und stationären Versorgung vorstellen. So haben Sie einen klareren Blick auf die neue Begutachtung.

4.1 Ambulant: körperlich eingeschränkt

Frau K. 81 Jahre alt und lebt allein. Sie ist Diabetikerin, in allen Bereichen orientiert, und erhält die Insulingabe morgens und abends vom Pflegedienst. Zudem wird ihr täglich der Dispenser mit Tabletten für den Tag hingestellt. In der Pflege benötigt sie Hilfe beim morgendlichen Waschen oder Duschen und beim Anziehen der Kompressionsstrümpfe. Wegen einer Tröpfcheninkontinenz trägt sie Vorlagen, die morgens und abends gewechselt werden müssen. Frau K. benötigt aufgrund ihrer Arthrosen in Fingern und Schultern Hilfe beim An-/Auskleiden. Der Pflegedienst richtet ihr zudem das Frühstück. Tagsüber ist Frau K. auf sich gestellt. Das Mittagessen erhält sie mal von ihrer Tochter, mal durch einen Lieferdienst. Die Tochter kümmert sich auch um den Einkauf und den Haushalt und begleitet ihre Mutter bei Arztbesuchen.

Tab. 38: Die Begutachtung bei Frau K., Modul 1: Mobilität

Ziffer	Kriterien	selbstständig = 0	überwiegend selbstständig = 1	überwiegend unselbstständig = 2	unselbstständig = 3
1.1	Positionswechsel im Bett				
1.2	Halten einer stabilen Sitzposition	x			
1.3	Umsetzen	x			
1.4	Fortbewegen innerhalb des Wohnbereichs	x			
1.5	Treppensteigen			x	

Ergebnis: Mobilität: 2 Punkte, gewichtet: 2,5 Punkte

Tab. 39: Die Begutachtung bei Frau K., Modul 2: Kognitive und kommunikative Fähigkeiten

Ziffer	Kriterien	vorhanden/unbeeinträchtigt = 0	größtenteils vorhanden = 1	in geringem Maße vorhanden = 2	nicht vorhanden = 3
2.1	Erkennen von Personen aus dem näheren Umfeld	x			
2.2	Örtliche Orientierung	x			
2.3	Zeitliche Orientierung	x			
2.4	Erinnern an wesentliche Ereignisse oder Beobachtungen	x			
2.5	Steuern von mehrschrittigen Alltagshandlungen	x			
2.6	Treffen von Entscheidungen im Alltagsleben	x			
2.7	Verstehen von Sachverhalten und Informationen	x			
2.8	Erkennen von Risiken und Gefahren	x			

Ergebnis: Kognition: 0 Punkte, gewichtet: 0 Punkte

Tab. 40: Die Begutachtung bei Frau K., Modul 3: Verhaltensweisen und psychische Problemlagen

Ziffer	Kriterien	nie/selten = 0	1–3x innerhalb von 2 Wochen = 1	2 bis mehrmals wöchentlich = 3	Täglich = 5
3.1	Motorisch geprägte Verhaltensauffälligkeiten	x			
3.2	Nächtliche Unruhe				
3.3	Selbstschädigendes und autoaggressives Verhalten	x			
3.4	Beschädigung von Gegenständen	x			
3.5	Physisch aggressives Verhalten gegenüber anderen Personen	x			
3.6	Verbale Aggression	x			
3.7	Andere pflegerelevante vokale Auffälligkeiten	x			
3.8	Abwehr pflegerischer oder anderer unterstützender Maßnahmen	x			
3.9	Wahnvorstellungen	x			
3.10	Ängste	x			
3.11	Antriebslosigkeit bei depressiver Stimmungslage	x			
3.12	Sozial inadäquate Verhaltensweisen	x			
3.13	Sonstige inadäquate Handlungen	x			

Ergebnis: Verhaltensweisen 0 Punkte, gewichtet: 0 Punkte

4

Tab. 41: Die Begutachtung bei Frau K., Modul 4: Selbstversorgung

Ziffer	Kriterien	selbstständig = 0	überwiegend selbstständig = 1	überwiegend unselbstständig = 2	unselbstständig = 3
4.4.1	Waschen des vorderen Oberkörpers		x		
4.4.2	Körperpflege im Bereich des Kopfes (Kämmen, Zahnpflege/Prothesenreinigung, Rasieren)	x			
4.4.3	Waschen des Intimbereichs			x	
4.4.4	Duschen und Baden inkl. Haarewaschen			x	
4.4.5	An- und Auskleiden des Oberkörpers		x		
4.4.6	An- und Auskleiden des Unterkörpers		x		
4.4.7	Mundgerechtes Zubereiten der Nahrung und Eingießen von Getränken			x	
4.4.8	Essen (Punkte mal 3)	x			
4.4.9	Trinken (Punkte mal 2)	x			
4.4.10	Benutzen einer Toilette oder eines Toilettenstuhls	x			
4.4.11	Bewältigen der Folgen einer Harninkontinenz und Umgang mit Dauerkatheter/Urostoma		x		
4.4.12	Bewältigen der Folgen einer Stuhlinkontinenz und Umgang mit Stoma	x			

Ergebnis: Selbstversorgung 10 Punkte, gewichtet: 20 Punkte

Tab. 42: Die Begutachtung bei Frau K., Modul 5: Umgang mit krankheits-/therapiebedingten Anforderungen und Belastungen

Ziffer	Kriterien in Bezug auf	Entfällt/ Selbstständig	Häufigkeit/Tag	Häufigkeit/ Woche	Häufigkeit/ Monat
5.1	Medikation		1		
5.2	Injektionen (s. c./i. m.)		2		
5.3	Versorgung intravenöser Zugänge (Port)	x			
5.4	Absaugen und Sauerstoffgabe	x			
5.5	Einreibungen, Kälte-/Wärmeanwendungen	x			
5.6	Messung und Deutung von Körperzuständen (z. B. BZ, RR etc.)	x			
5.7	Körpernahe Hilfsmittel (z. B. Prothesen, Kompressionsstrümpfe)		2		
Summe der Maßnahmen pro Tag		0	5	0	0

Ergebnis: Für diese fünf Maßnahmen am Tag werden 2 Punkte gewertet, gewichtet: 5 Punkte

Tab. 43: Die Begutachtung bei Frau K., Modul 6: Gestaltung des Alltagsleben und soziale Kontakte

Ziffer	Kriterien	selbstständig = 0	überwiegend selbstständig = 1	überwiegend unselbstständig = 2	unselbstständig = 3
6.1	Gestaltung des Tagesablaufs und Anpassung an Veränderungen				
6.2	Ruhen und Schlafen	x			
6.3	Sich beschäftigen	x			
6.4	Vornehmen von in die Zukunft gerichteten Planungen		x		
6.5	Interaktion mit Personen im direkten Kontakt	x			
6.6	Kontaktpflege zu Personen außerhalb des direkten Umfeldes		x		

Ergebnis: Tagesablauf gestalten: 2 Punkte, gewichtet: 3,75 Punkte

Tab. 44: Die Begutachtung bei Frau K.: Das Ergebnis der Gewichtung

Module	Erreichte Punkte	Gewich- tete Punkte
1. Mobilität	2	2,5
2. Kognitive und Kommunikative Fähigkeiten	0	0
3. Verhaltensweisen und psychisch Problemlagen	0	0
4. Selbstversorgung	10	20
5. Bewältigung von und selbstständiger Umgang mit krankheits- und therapiebedingten Anforderungen	2	5
6. Gestaltung des Alltagslebens und soziale Kontakte	2	3,75

Alle gewichteten Punkte addiert, würde Frau K. mit 31,25 Punkten knapp in **Pflegegrad 2** eingegradet.

4.2 Ambulant: demenzielle Erkrankung

Frau M. ist 83 Jahre alt. Sie lebt allein in ihrem Haus. Die Tochter wohnt in unmittelbarer Nachbarschaft und ist mehrfach täglich bei ihrer Mutter. Frau M. hat schwere Osteoporose und einen Rundrücken. Sie geht in gebückter Haltung an ihrem Rollator, wenn sie ihn nicht vergisst. Frau M. ist eine sehr selbstbestimmte Dame. Sie ist gewohnt, früh aufzustehen, ihre Arbeit zu verrichten und ihren Haushalt auf Vordermann zu bringen, wie sie sagt. Die zunehmende demenzielle Erkrankung führt aber dazu, dass Frau M. immer weniger allein klar kommt, obwohl sie dies vehement verneint. Sie kaschiert kleine Missgeschicke im Alltag sehr geschickt und hat eine gute Fassade errichtet. Frau M. vergisst manchmal Töpfe auf dem eingeschalteten Herd. Darauf angesprochen sagt sie, das sei noch nie passiert, könne aber der besten Hausfrau mal widerfahren. Oder sie kauft mehrfach am Tag Zucker ein, weil sie vergessen hat, dass sie bereits welchen geholt hat. Darauf angesprochen sagt sie, dass sie vergessen habe, dass sie dringend noch Kuchen für die Tochter oder andere Verwandte backen müsse. Manchmal geht sie ohne Strümpfe, weil sie diese nicht anziehen kann, sagt aber – auf die nackten Füße angesprochen – sie würde nie frieren und sei hart im Nehmen.

Frau M. geht häufig in ihren kleinen Garten, in dem die Tochter Gemüse und Kräuter anbaut. Die Arbeiten im Garten gelingen Frau M. nicht mehr, sie sagt aber, sie würde hacken und Unkraut zupfen. Häufig fällt sie dabei ins Beet, weil sie das Gleichgewicht verliert. Dann kommt sie nicht mehr hoch und muss auf Hilfe warten.

Frau M. badet nur einmal pro Woche und wechselt auch ihre Wäsche nur einmal pro Woche. Mehr Bedarf sieht sie nicht, obwohl sie inkontinent ist und häufig nach Urin riecht. Auf die Toilette geht sie selbstständig, aber man sieht an der Wäsche, dass sie sich nicht richtig abputzt und dass sie dringend Inkontinenzmaterial einlegen müsste. Stattdessen nutzt Frau M. Läppchen, die sie aus alter Wäsche zurecht geschnitten hat. Sie sagt, sie käme damit gut zurecht. Frau M. würde nur trockenes Brot oder Kartoffeln essen, weil sie sich nichts anderes mehr zubereiten kann. Doch bevor sie um Hilfe bittet oder zugeben würde, dass sie nicht allein klar kommt, isst sie nur das, was sie noch selbst kann.

Die Tochter hat nun den Pflegedienst bestellt, weil sie an die Mutter schlecht herankommt. Der Pflegedienst soll einmal am Tag beim Waschen und Anziehen helfen sowie das Frühstück richten und die Medikamente geben. Zur Mittagszeit bringt die Tochter das Essen für die Mutter, manchmal kochen sie zusammen. Das Abendbrot richtet die Tochter und schaut auch noch einmal nach der Mutter, ob diese ausgezogen im Bett liegt und noch was trinkt. Das Trinken ist bei Frau M. eher schwierig. Vermutlich vermeidet sie das Trinken, damit sie nicht so oft zur Toilette muss.

Tab. 45: Die Begutachtung bei Frau M., Modul 1: Mobilität

Ziffer	Kriterien	selbstständig = 0	überwiegend selbstständig = 1	überwiegend unselbstständig = 2	unselbstständig = 3
1.1	Positionswechsel im Bett	x			
1.2	Halten einer stabilen Sitzposition	x			
1.3	Umsetzen	x			
1.4	Fortbewegen innerhalb des Wohnbereichs	x			
1.5	Treppensteigen			x	

Ergebnis: Mobilität 2 Punkte, gewichtet: 2,5 Punkte

4

Tab. 46: Die Begutachtung bei Frau M., Modul 2: Kognitive und kommunikative Fähigkeiten

Ziffer	Kriterien	vorhanden/unbeeinträchtigt = 0	größtenteils vorhanden = 1	in geringem Maße vorhanden = 2	nicht vorhanden = 3
2.1	Erkennen von Personen aus dem näheren Umfeld		x		
2.2	Örtliche Orientierung	x			
2.3	Zeitliche Orientierung		x		
2.4	Erinnern an wesentliche Ereignisse und Beobachtungen		x		
2.5	Steuern von mehrschrittigen Alltagshandlungen		x		
2.6	Treffen von Entscheidungen im Alltagsleben	x			
2.7	Verstehen von Sachverhalten und Informationen		x		
2.8	Erkennen von Risiken und Gefahren		x		

Ergebnis: Kognition 6 Punkte, Gewichtung muss mit Modul 3 verglichen werden. Nur der jeweils höhere Wert wird angerechnet. Mit 6 Punkten wäre Frau M. in Modu 2 mit 7,5 Punkten gewichtet.

Tab. 47: Die Begutachtung bei Frau M., Modul 3: Verhaltensweisen und psychische Problemlagen

Ziffer	Kriterien	nie/selten = 0	1–3x innerhalb von 2 Wochen = 1	2 bis mehrmals wöchentlich = 3	Täglich = 5
3.1	Motorisch geprägte Verhaltensauffälligkeiten	x			
3.2	Nächtliche Unruhe	x			
3.3	Selbstschädigendes und autoaggressives Verhalten	x			
3.4	Beschädigung von Gegenständen	x			
3.5	Physisch aggressives Verhalten gegenüber anderen Personen	x			
3.6	Verbale Aggression	x			
3.7	Andere pflegerelevante vokale Auffälligkeiten	x			
3.8	Abwehr pflegerischer oder anderer unterstützender Maßnahmen	x			
3.9	Wahnvorstellungen	x			
3.10	Ängste	x			
3.11	Antriebslosigkeit bei depressiver Stimmungslage	x			
3.12	Sozial inadäquate Verhaltensweisen	x			
3.13	Sonstige inadäquate Handlungen	x			

Ergebnis: Verhaltensweisen 0 Punkte. Diese 0 Punkte ergeben in Modul 3 eine Gewichtung von 0 Punkten. Somit ist der höhere Wert aus Modul 2 heranzuziehen: 7,5 Punkte

Tab. 48: Die Begutachtung bei Frau M., Modul 4: Selbstversorgung

Ziffer	Kriterien	selbstständig = 0	überwiegend selbstständig = 1	überwiegend unselbstständig = 2	unselbstständig = 3
4.4.1	Waschen des vorderen Oberkörpers		x		
4.4.2	Körperpflege im Bereich des Kopfes (Kämmen, Zahnpflege/Prothesenreinigung, Rasieren)		x		
4.4.3	Waschen desIntimbereichs			x	
4.4.4	Duschen und Baden inkl. Waschen der Haare			x	
4.4.5	An- und Auskleiden des Oberkörpers		x		
4.4.6	An- und Auskleiden des Unterkörpers		x		
4.4.7	Mundgerechtes Zubereiten der Nahrung mundgerecht und Eingieße von Getränken		x		
4.4.8	Essen (Punkte mal 3)	x			
4.4.9	Trinken (Punkte mal 2)		x		
4.4.10	Benutzen einer Toilette oder eines Toilettenstuhls	x			
4.4.11	Bewältigen der Folgen einer Harninkontinenz und Umgang mit Dauerkatheter/Urostoma		x		
4.4.12	Bewältigen der Folgen einer Stuhlinkontinenz bewältigen, und Umgang mit Stoma	x			

Ergebnis: Selbstversorgung: 11 Punkte, gewichtet: 20 Punkte

Tab. 49: Die Begutachtung bei Frau M., Modul 5: Umgang mit krankheits- und therapiebedingten Anforderungen und Belastungen

Ziffer	Kriterien in Bezug auf	Entfällt/ Selbstständig	Häufigkeit/ Tag	Häufigkeit/ Woche	Häufigkeit/ Monat
5.1	Medikation		2		
5.2	Injektionen (s. c./i. m.)	x			
5.3	Versorgung intravenöser Zugänge (Port)	x			
5.4	Absaugen und Sauerstoffgabe	x			
5.5	Einreibungen, Kälte-/Wärmeanwendungen	x			
5.6	Messung und Deutung von Körperzuständen (z. B. BZ, RR etc.)	x			
5.7	Körpernahe Hilfsmittel (z. B. Prothesen, Kompressionsstrümpfe)	x			
Summe der Maßnahmen pro Tag		0	2	0	0

Ergebnis: Zwei Maßnahmen täglich werden mit 1 Punkt gewertet, gewichtet: 5 Punkte

Tab. 50: Die Begutachtung bei Frau M., Modul 6: Gestaltung des Alltagslebens und soziale Kontakte

Ziffer	Kriterien	selbstständig = 0	überwiegend selbstständig = 1	überwiegend unselbstständig = 2	unselbstständig = 3
6.1	Gestaltung des Tagesablaufs und Anpassung an Veränderungen		x		
6.2	Ruhen und Schlafen	x			
6.3	Sich beschäftigen	x			

Ziffer	Kriterien	selbstständig = 0	überwiegend selbstständig = 1	überwiegend unselbstständig = 2	unselbstständig = 3
6.4	Vornehmen von in die Zukunft gerichteten Planungen		x		
6.5	Interaktion mit Personen im direkten Kontakt	x			
6.6	Kontaktpflege zu Personen außerhalb des direkten Umfeldes		x		

Ergebnis: Tagesablauf gestalten: 2 Punkte, gewichtet: 3,75 Punkte

Tab. 51: Die Begutachtung bei Frau M., das Ergebnis der Gewichtung

Module	Erreichte Punkte	Gewichtete Punkte
1. Mobilität	2	2,5
2. Kognitive und Kommunikative Fähigkeiten	7	7,5
3. Verhaltensweisen und psychische Problemlagen	0	
4. Selbstversorgung	11	20
5. Bewältigung von und selbstständiger Umgang mit krankheits- und therapiebedingten Anforderungen	1	5
6. Gestaltung des Alltagslebens und soziale Kontakte	2	3,75

Alle gewichteten Punkte addiert, würde Frau M. mit 38,75 Punkten in Pflegegrad 2 eingegradet.

4.3 Ambulant: demenzielle Erkrankung und bettlägerig

Herr T. ist 88 Jahre alt und seit zwei Jahren bettlägerig. Ehefrau und Tochter versorgen ihn zuhause, die Tochter wohnt im Obergeschoss desselben Hauses. Herr T. kann nicht sprechen, er gibt nur undefinierbare Laute von sich und man kann nicht erkennen, ob er Ansprache versteht. Er liegt meist ruhig im Bett, versteht aber manche Vorgänge wie Waschen und Inkontinenzmaterialwechsel nicht immer und zeigt sich ungehalten, versucht mit der Hand die Hilfe abzuwehren. Das kommt zwei-, dreimal pro Woche vor.

Herr T. ist komplett inkontinent und in allen Bereichen des täglichen Lebens auf Hilfe angewiesen. Er hat einen Dekubitus am Präsakralbereich (Grad 3–4), dieser wird vom Pflegedienst täglich verbunden. Der Pflegedienst ist auch für die tägliche Körperpflege am Morgen bestellt. Den Rest des Tages übernehmen die Ehefrau und Tochter die Pflege und Ernährung. Herr T. kann noch oral trinken und Essen zu sich nehmen, wenn man es ihm eingibt.

Tab. 52: Die Begutachtung bei Herrn T., Modul 1: Mobilität

Ziffer	Kriterien	selbstständig = 0	überwiegend selbstständig = 1	überwiegend unselbstständig = 2	unselbstständig = 3
1.1	Positionswechsel im Bett				x
1.2	Halten einer stabilen Sitzposition				x
1.3	Umsetzen				x
1.4	Fortbewegen innerhalb des Wohnbereichs				x
1.5	Treppensteigen				x

Ergebnis: Mobilität: 15 Punkte, gewichtet: 10 Punkte

Tab. 53: Die Begutachtung bei Herrn T., Modul 2: Kognitive und kommunikative Fähigkeiten

Ziffer	Kriterien	vorhanden/unbeeinträchtigt = 0	größtenteils vorhanden = 1	in geringem Maße vorhanden = 2	nicht vorhanden = 3
2.1	Erkennen von Personen aus dem näheren Umfeld				x
2.2	Örtliche Orientierung				x
2.3	Zeitliche Orientierung				x
2.4	Erinnern an wesentliche Ereignisse oder Beobachtungen				x
2.5	Steuern von mehrschrittigen Alltagshandlungen				x
2.6	Treffen von Entscheidungen im Alltagsleben				x
2.7	Verstehen von Sachverhalten und Informationen				x
2.8	Erkennen von Risiken und Gefahren				x

Ergebnis: Kognition: 18 Punkte, Gewichtung muss mit Modul 2 verglichen werden, gewichtet: 15 Punkte

Tab. 54: Die Begutachtung bei Herrn T., Modul 3: Verhaltensweisen und psychische Problemlagen

Ziffer	Kriterien	nie/selten = 0	1–3x innerhalb von 2 Wochen = 1	2 bis mehrmals wöchentlich = 3	Täglich = 5
3.1	Motorisch geprägte Verhaltensauffälligkeiten			x	
3.2	Nächtliche Unruhe	x			
3.3	Selbstschädigendes und autoaggressives Verhalten	x			
3.4	Beschädigung von Gegenständen	x			
3.5	Physisch aggressives Verhalten gegenüber anderen Personen	x			
3.6	Verbale Aggression	x			
3.7	Andere pflegerelevante vokale Auffälligkeiten			x	
3.8	Abwehr pflegerischer oder anderer unterstützender Maßnahmen			x	
3.9	Wahnvorstellungen	x			
3.10	Ängste	x			
3.11	Antriebslosigkeitbei depressiver Stimmungslage	x			
3.12	Sozial inadäquate Verhaltensweisen	x			
3.13	Sonstige inadäquate Handlungen	x			

Ergebnis: Verhaltensweisen: 9 Punkte, gewichtet: 15 Punkte (Somit ist auch in diesem Modul der höchste Wert anzurechnen. Doch Achtung: Es wird entweder Modul 2 oder 3 berechnet, nicht beide zusammen.)

Tab. 55: Die Begutachtung bei Herrn T., Modul 4: Selbstversorgung

Ziffer	Kriterien	selbstständig = 0	überwiegend selbstständig = 1	überwiegend unselbstständig = 2	unselbstständig = 3
4.4.1	Waschen des vorderen Oberkörpers				x
4.4.2	Körperpflege im Bereich des Kopfes (Kämmen, Zahnpflege/Prothesenreinigung, Rasieren)				x
4.4.3	Waschen des Intimbereichs				x
4.4.4	Duschen und Baden inkl. Waschen der Haare				x
4.4.5	An- und Auskleiden des Oberkörpers				x
4.4.6	An- und Auskleiden des Unterkörpers				x
4.4.7	Mundgerechtes Zubereiten der Nahrung und Eingießen von Getränken				x
4.4.8	Essen (Punkte mal 3)				x
4.4.9	Trinken (Punkte mal 2)				x
4.4.10	Benutzen einer Toilette oder eines Toilettenstuhls (Punkte mal 2)				x
4.4.11	Bewältigen der Folgen Folgen einer Harninkontinenz und Umgang mit Dauerkatheter/Urostoma				x
4.4.12	Bewältigen der Folgen einer Stuhlinkontinenz und Umgang mit Stoma				x

Ergebnis: Selbstversorgung: 48 Punkte, gewichtet: 40 Punkte

Tab. 56: Die Begutachtung bei Herrn T., Modul 5: Umgang mit krankheits-/therapiebedingten Anforderungen und Belastungen

Ziff.	Kriterien in Bezug auf	Entfällt/ Selbstständig	Häufigkeit/ Tag	Häufigkeit/ Woche	Häufigkeit/ Monat
5.1	Medikation		3		
5.2	Injektionen (s. c./i. m.)	x			
5.3	Versorgung intravenöser Zugänge (Port)	x			
5.4	Absaugen und Sauerstoffgabe	x			
5.5	Einreibungen, Kälte-/Wärmeanwendungen	x			
5.6	Messung und Deutung von Körperzuständen (z. B. BZ, RR etc.)	x			
5.7	Körpernahe Hilfsmittel (z. B. Prothesen, Kompressionsstrümpfe)	x			
Summe der Maßnahmen pro Tag		0	3	0	0
5.8	Verbandwechsel/Wundversorgung		1		
5.9	Wundversorgung mit Stoma				
5.10	Regelmäßige Einmalkatheterisierung, Nutzung von Abführmethoden				
5.11	Therapiemaßnahmen in häuslicher Umgebung (z. B. Bewegungsübungen, Atemgymnastik)				
	Berechnung in Punkte	Weniger als 1x Woche	Mind. 1x Woche	1–2x tägl.	Mind. 3x tägl.

Ergebnis: Drei Maßnahmen aus 5.1–5.7 ergeben 1 Punkt; eine tägliche Maßnahme aus 5.8 ergibt 2 Punkte, gewichtet: 10 Punkte

Tab. 57: Die Begutachtung bei Herrn T., Modul 6: Gestaltung des Alltagsleben und soziale Kontakte

Ziffer	Kriterien	selbstständig = 0	überwiegend selbstständig = 1	überwiegend unselbstständig = 2	unselbstständig = 3
6.1	Gestaltung des Tagesablaufs und Anpassung an Veränderungen				x
6.2	Ruhen und Schlafen				x
6.3	Sich beschäftigen				x
6.4	Vornehmen von in die Zukunft gerichteten Planungen				x
6.5	Interaktion mit Personen im direkten Kontakt				x
6.6	Kontaktpflege zu Personen außerhalb des direkten Umfeldes				x

Ergebnis: Tagesablauf gestalten: 18 Punkte, gewichtet: 15 Punkte

Tab. 58: Die Begutachtung bei Herrn T.: Das Ergebnis der Gewichtung

Module	Erreichte Punkte	Gewichtete Punkte
1. Mobilität	15	10
2. Kognitive und Kommunikative Fähigkeiten	18	15
3. Verhaltensweisen und psychische Problemlagen	9	
4. Selbstversorgung	48	40
5. Bewältigung von und selbstständiger Umgang mit krankheits- und therapiebedingten Anforderungen	3	10
6. Gestaltung des Alltagslebens und soziale Kontakte	18	15

Alle gewichteten Punkte addiert, würde Herr T. mit 90 Punkten in Pflegegrad 5 eingegradet.

4.4 Stationär: Schlaganfall

Herr K. ist 69 Jahre alt und nach einem Schlaganfall aus dem Krankenhaus erst in die Reha und danach in die Pflegeeinrichtung gekommen. Er hat eine rechtseitige Hemiparese, ist auf den Rollstuhl angewiesen, den er mit der linken Hand und seinem linken Fuß fährt und lenkt. Er kann nicht sprechen und ist als Rechtshänder mit der linken, intakten Hand nicht so geschickt. Er ist dennoch bemüht, so viel wie möglich selbst zu übernehmen. Herr K. ist weitgehend harn- und stuhlkontinent. Er nutzt die Urinflasche selbst und zum Stuhlgang benötigt er Hilfe beim Umsetzen auf die Toilette und zurück. Aufgrund der schlaffen Lähmung rechts benötigt er Hilfe bei der Körperpflege, beim An- und Auskleiden sowie der mundgerechten Zubereitung seiner Speisen. Er benötigt Hilfe bei den Transfers sowie dem Aufstehen und Zubettgehen. Er hat eine Aphasie, kann nur wenige Worte sprechen, am liebsten sind ihm geschlossene Fragen, die er mit »Ja« oder »Nein« oder mit Kopfschütteln oder Kopfnicken beantworten kann. Er ist in allen Qualitäten orientiert, beschäftigt sich viel in seinem Zimmer, schaut fern oder sitzt in der Sonne. Er ist sehr oft traurig bis depressiv verstimmt, weil er sich mit seiner Situation nicht recht arrangieren kann. Seine Frau lebt zuhause und kann ihn nicht pflegen, er leidet sehr darunter. Er weint häufig. Wenn er wütend ist, knallt er Türen oder schimpft vor sich hin. An Behandlungspflege benötigt er lediglich morgens und mittags seine Tabletten.

Tab. 59: Die Begutachtung bei Herrn K., Modul 1: Mobilität

Ziffer	Kriterien	selbstständig = 0	überwiegend selbstständig = 1	überwiegend unselbstständig = 2	unselbstständig = 3
1.1	Positionswechsel im Bett	x			
1.2	Halten einer stabilen Sitzposition	x			
1.3	Umsetzen			x	
1.4	Fortbewegen innerhalb des Wohnbereichs	x			
1.5	Treppensteigen				x

Ergebnis: Mobilität: 5 Punkte, gewichtet: 5 Punkte

Tab. 60: Die Begutachtung bei Herrn K., Modul 2: Kognitive und kommunikative Fähigkeiten

Ziffer	Kriterien	vorhanden/unbeeinträchtigt = 0	größtenteils vorhanden = 1	in geringem Maße vorhanden = 2	nicht vorhanden = 3
2.1	Erkennen von Personen aus dem näheren Umfeld	x			
2.2	Örtliche Orientierung				
2.3	Zeitliche Orientierung	x			
2.4	Erinnern an wesentliche Ereignisse oder Beobachtungen	x			
2.5	Steuern von mehrschrittigen Alltagshandlungen	x			

Ziffer	Kriterien	vorhanden/unbeeinträchtigt = 0	größtenteils vorhanden = 1	in geringem Maße vorhanden = 2	nicht vorhanden = 3
2.6	Treffen von Entscheidungen im Alltagsleben	x			
2.7	Verstehen von Sachverhalten und Informationen	x			
2.8	Erkennen von Risiken und Gefahren	x			

Ergebnis: Kognition: 0 Punkte, gewichtet: 0 Punkte

Tab. 61: Die Begutachtung bei Herrn K., Modul 3: Verhaltensweisen und psychische Problemlagen

Ziffer	Kriterien	nie/selten = 0	1–3x innerhalb von 2 Wochen = 1	2 bis mehrmals wöchentlich = 3	Täglich = 5
3.1	Motorisch geprägte Verhaltensauffälligkeiten	x			
3.2	Nächtliche Unruhe	x			
3.3	Selbstschädigendes und autoaggressives Verhalten	x			
3.4	Beschädigen von Gegenständen	x			
3.5	Physisch aggressives Verhalten gegenüber anderen Personen	x			
3.6	Verbale Aggression		x		
3.7	Andere pflegerelevante vokale Auffälligkeiten		x		
3.8	Abwehr pflegerischer oder anderer unterstützender Maßnahmen	x			
3.9	Wahnvorstellungen	x			

Ziffer	Kriterien	nie/selten = 0	1–3x innerhalb von 2 Wochen = 1	2 bis mehrmals wöchentlich = 3	Täglich = 5
3.10	Ängste	x			
3.11	Antriebslosigkeit bei depressiver Stimmungslage		x		
3.12	Sozial inadäquate Verhaltensweisen	x			
3.13	Sonstige inadäquate Handlungen	x			

4

Ergebnis: Verhaltensweisen: 3 Punkte, gewichtet: 7,5 Punkte

Tab. 62: Die Begutachtung bei Herrn K., Modul 4: Selbstversorgung

Ziffer	Kriterien	selbstständig = 0	überwiegend selbstständig = 1	überwiegend unselbstständig = 2	unselbstständig = 3
4.4.1	Waschen des vorderen Oberkörpers			x	
4.4.2	Körperpflege im Bereich des Kopfes (Kämmen, Zahnpflege/Prothesenreinigung, Rasieren)		x		
4.4.3	Waschen des Intimbereichs				x
4.4.4	Duschen und Baden inkl. Waschen der Haare				x
4.4.5	An- und Auskleiden des Oberkörpers			x	
4.4.6	An- und Auskleiden des Unterkörpers				x
4.4.7	Mundgerechtes Zubereiten der Nahrung und Eingießen von Getränken			x	
4.4.8	Essen (Punkte mal 3)	x			
4.4.9	Trinken (Punkte mal 2)	x			
4.4.10	Benutzen einer Toilette oder eines Toilettenstuhls			x	

Ziffer	Kriterien	selbstständig = 0	überwiegend selbstständig = 1	überwiegend unselbstständig = 2	unselbstständig = 3
4.4.11	Bewältigen der Folgen einer Harninkontinenz und Umgang mit Dauerkatheter/Urostoma		x		
4.4.12	Bewältigen der Folgen einer Stuhlinkontinenz und Umgang mit Stoma	x			

Ergebnis: Selbstversorgung: 19 Punkte, gewichtet: 30 Punkte

Tab. 63: Die Begutachtung bei Herrn K., Modul 5: Umgang mit krankheits-/therapiebedingten Anforderungen und Belastungen

Ziffer	Kriterien in Bezug auf	Entfällt/ Selbstständig	Häufigkeit/Tag	Häufigkeit/ Woche	Häufigkeit/ Monat
5.1	Medikation		2		
5.2	Injektionen (s. c./i. m.)	x			
5.3	Versorgung intravenöser Zugänge (Port)	x			
5.4	Absaugen und Sauerstoffgabe	x			
5.5	Einreibungen, Kälte-/Wärmeanwendungen	x			
5.6	Messung und Deutung von Körperzuständen (z. B. BZ, RR etc.)	x			
5.7	Körpernahe Hilfsmittel (z. B. Prothesen, Kompressionsstrümpfe)	x			
Summe der Maßnahmen pro Tag		0	2	0	0

Ergebnis: Für diese zwei Maßnahmen am Tag wird 1 Punkt gewertet, gewichtet: 5 Punkte

Tab. 64: Die Begutachtung bei Herrn K., Modul 6: Gestaltung des Alltagsleben und soziale Kontakte

Ziffer	Kriterien	selbstständig = 0	überwiegend selbstständig = 1	überwiegend unselbstständig = 2	unselbstständig = 3
6.2	Ruhen und Schlafen	x			
6.3	Sich beschäftigen		x		
6.4	Vornehmen von in die Zukunft gerichteten Planungen		x		
6.5	Interaktion mit Personen im direkten Kontakt	x			
6.6	Kontaktpflege zu Personen außerhalb des direkten Umfeldes		x		

Ergebnis: Tagesablauf gestalten: 3 Punkte, gewichtet: 3,75 Punkte

Tab. 65: Die Begutachtung bei Herrn K.: Das Ergebnis der Gewichtung

Module	Erreichte Punkte	Gewichtete Punkte
1. Mobilität	5	5
2. Kognitive und Kommunikative Fähigkeiten	0	0
3. Verhaltensweisen und psychische Problemlagen	3	7,5
4. Selbstversorgung	19	30
5. Bewältigung von und selbstständiger Umgang mit krankheits- und therapiebedingten Anforderungen	1	5
6. Gestaltung des Alltagslebens und soziale Kontakte	3	3,75

Alle gewichteten Punkte addiert, würde Herr K. mit 51,25 Punkten in Pflegegrad 3 eingegradet.

4.5 Stationär: demenzielle Erkrankung, aber mobil

Frau L. ist 76 Jahre alt. Der Ehemann hat sie bis vor einigen Wochen zuhause betreut. Nach seinen Angaben konnte er sie zuhause nicht mehr pflegen, weil sie immer auffälliger wurde und weniger lenkbar. Frau L. ist sehr mobil und läuft den ganzen Tag durchs Haus. Sie sucht ihr Zuhause, oft auch ihre Mutter. Auch in der Nacht wird sie wach, steht auf und »schaut nach dem Rechten«, wie sie sagt. Meist ist sie wieder zu beruhigen und geht dann zu Bett. Sie hat keine örtliche und zeitliche Orientierung. Ihren Ehemann erkennt sie meist, aber der Sohn wird von ihr auch häufig als Ehemann angesprochen. Wenn der Sohn die Mutter auf seinen Namen und die Tatsache, dass er der Sohn ist, hinweist, wird Frau L. ungehalten und schimpft, dass sie nicht dumm sei und er nicht so frech sein solle. Insgesamt wirkt Frau L. meist unglücklich, weil sie immer etwas vermisst, suchen muss oder nach Hause will. Wenn sie, meist am späten Nachmittag, nach draußen drängt, kann man sie kaum aufhalten. Dabei ist es ihr egal, ob es regnet, sie geeignete Kleidung trägt oder der Straßenverkehr gefährlich ist. Es bedarf geschickter Gesprächsführung, sie wieder ins Haus zu locken und zu beschäftigen. Sie ist eine gute Hausfrau, wie sie immer betont, und kann sich mit Haushaltsaufgaben gut beschäftigen. Sie ist grundsätzlich hilfsbereit. Die Nahrungsaufnahme gestaltet sich häufig schwierig, da sie immer das Essen für die Mutter mitnehmen möchte oder für ihren Ehemann. Hunger und Durstbefühl äußert sie selten.

Die Toilette sucht Frau L. allein auf, sie findet allerdings die eigene Toilette nicht, sondern sucht alle Räume ab, bis sie die Toilette gefunden hat. Morgens muss man sie kurz nach dem Aufstehen abpassen, um sie waschen zu können. Wenn sie erst einmal angezogen ist, kann sie nur schwer zum Auskleiden und Waschen überzeugt werden. Mit anderen Bewohnern nimmt sie wenig aktiv Kontakt auf, außer wenn sie etwas sucht. Wenn sie sich bestohlen fühlt, beschimpft sie die Mitbewohner als »diebische Elstern« oder ähnliches. Sie wird nie wirklich ausfällig oder aggressiv, sondern schimpft mehr vor sich hin.

Frau L. nimmt keine Medikamente, betont auch immer, wie gesund sie war und ist. Der Arzt gibt ihr einmal m Monat eine Depotspritze eines Neuroleptikums, das lässt sie zu, oral würde sie keine Medikamente nehmen.

Tab. 66: Die Begutachtung bei Frau L., Modul 1: Mobilität

Ziffer	Kriterien	selbstständig = 0	überwiegend selbstständig = 1	überwiegend unselbstständig = 2	unselbstständig = 3
1.1	Positionswechsel im Bett	x			
1.2	Halten einer stabilen Sitzposition				
1.3	Umsetzen	x			
1.4	Fortbewegen innerhalb des Wohnbereichs	x			
1.5	Treppensteigen	x			

Ergebnis: Mobilität: 0 Punkte, gewichtet 0 Punkte

Falls Sie sich über die Bewertung »selbstständig« wundern – die Berechnung in der Mobilität bezieht sich ausschließlich auf die körperliche Fähigkeit. Nicht zu werten ist hier die fehlende Orientierung eines Pflegebedürftigen.

Tab. 67: Die Begutachtung bei Frau L., Modul 2: Kognitive und kommunikative Fähigkeiten

Ziffer	Kriterien	vorhanden/unbeeinträchtigt = 0	größtenteils vorhanden = 1	in geringem Maße vorhanden = 2	nicht vorhanden = 3
2.1	Erkennen von Personen aus dem näheren Umfeld		x		
2.2	Örtliche Orientierung				x
2.3	Zeitliche Orientierung				x
2.4	Erinnern an wesentliche Ereignisse oder Beobachtungen			x	
2.5	Steuern von mehrschrittigen Alltagshandlungen				x
2.6	Treffen von Entscheidungen im Alltagsleben			x	
2.7	Verstehen von Sachverhalten und Informationen			x	
2.8	Erkennen von Risiken und Gefahren			x	

Ergebnis: Kognition 18 Punkte, Gewichtung muss mit Modul 3 verglichen werden. Nur der höhere Wert wird gerechnet. Mit 18 Punkten wäre Frau L. bereits in Modul 2 beim höchsten zu gewichteten Wert von 15 und man müsste Modul 3 nicht mehr berechnen. Aufgrund der Vollständigkeit möchte ich dies dennoch tun.

4

Tab. 68: Die Begutachtung bei Frau L., Modul 3: Verhaltensweisen und psychische Problemlagen

Ziffer	Kriterien	nie/selten = 0	1–3x innerhalb von 2 Wochen = 1	2 bis mehrmals wöchentlich = 3	Täglich = 5
3.1	Motorisch geprägte Verhaltensauffälligkeiten				x
3.2	Nächtliche Unruhe				x
3.3	Selbstschädigendes und autoaggressives Verhalten	x			
3.4	Beschädigen von Gegenständen	x			
3.5	Physisch aggressives Verhalten gegenüber anderen Personen	x			
3.6	Verbale Aggression		x		
3.7	Andere pflegerelevante vokale Auffälligkeiten		x		
3.8	Abwehr pflegerischer oder anderer unterstützender Maßnahmen		x		
3.9	Wahnvorstellungen		x		
3.10	Ängste		x		
3.11	Antriebslosigkeit bei depressiver Stimmungslage	x			
3.12	Sozial inadäquate Verhaltensweisen		x		
3.13	Sonstige inadäquate Handlungen		x		

Ergebnis: Verhaltensweisen: 17 Punkte, gewichtet: 15 Punkte (Höchstwert) (Es wird entweder der Höchstwert aus Modul 2 oder 3 genommen, nicht beide.)

Tab. 69: Die Begutachtung bei Frau L., Modul 4: Selbstversorgung

Ziffer	Kriterien	selbstständig = 0	überwiegend selbstständig = 1	überwiegend unselbstständig = 2	unselbstständig = 3
4.4.1	Waschen des vorderen Oberkörpers			x	
4.4.2	Körperpflege im Bereich des Kopfes (Kämmen, Zahnpflege/Prothesenreinigung, Rasieren)		x		
4.4.3	Waschen des Intimbereichs			x	
4.4.4	Duschen und Baden inkl. Waschen der Haare			x	
4.4.5	An- und Auskleiden des Oberkörpers			x	
4.4.6	An- und Auskleiden des Unterkörpers			x	
4.4.7	Mundgerechtes Zubereiten der Nahrung und Eingießen von Getränken		x		
4.4.8	Essen (Punkte mal 3)			x	
4.4.9	Trinken (Punkte mal 2)		x		
4.4.10	Benutzen einer Toilette oder eines Toilettenstuhls		x		
4.4.11	Bewältigen der Folgen einer Harninkontinenz und Umgang mit Dauerkatheter/Urostoma		x		
4.4.12	Bewältigen der Folgen einer Stuhlinkontinenz und Umgang mit Stoma	x			

Ergebnis: Selbstversorgung: 17 Punkte, gewichtet: 20 Punkte

Tab. 70: Die Begutachtung bei Frau L., Modul 5: Umgang mit krankheits-/therapiebedingten Anforderungen und Belastungen

Ziffer	Kriterien in Bezug auf	Entfällt/ Selbstständig	Häufigkeit/Tag	Häufigkeit/ Woche	Häufigkeit/ Monat
5.1	Medikation	x			
5.2	Injektionen (s. c./i. m.)				x
5.3	Versorgung intravenöser Zugänge (Port)	x			
5.4	Absaugen und Sauerstoffgabe	x			
5.5	Einreibungen, Kälte-/Wärmeanwendungen	x			
5.6	Messung und Deutung von Körperzuständen (z. B. BZ, RR etc.)	x			
5.7	Körpernahe Hilfsmittel (z. B. Prothesen, Kompressionsstrümpfe)	x			
Summe der Maßnahmen pro Tag		0	0	0	0

Ergebnis: Eine Maßnahme einmal im Monat wird mit 0 Punkten gewertet, gewichtet: 0 Punkte

Tab. 71: Die Begutachtung bei Frau L., Modul 6: Gestaltung des Alltagsleben und soziale Kontakte

Ziffer	Kriterien	selbstständig = 0	überwiegend selbstständig = 1	überwiegend unselbstständig = 2	unselbstständig = 3
6.1	Gestaltung des Tagesablaufs und Anpassung an Veränderungen			x	
6.2	Ruhen und Schlafen		x		
6.3	Sich beschäftigen			x	

Ziffer	Kriterien	selbstständig = 0	überwiegend selbstständig = 1	überwiegend unselbstständig = 2	unselbstständig = 3
6.4	Vornehmen von in die Zukunft gerichteten Planungen				x
6.5	Interaktion mit Personen im direkten Kontakt		x		
6.6	Kontaktpflege zu Personen außerhalb des direkten Umfeldes			x	

Ergebnis: Tagesablauf gestalten: 11 Punkte, gewichtet: 11,25 Punkte

Tab. 72: Die Begutachtung bei Frau L.: Das Ergebnis der Gewichtung

Module	Erreichte Punkte	Gewichtete Punkte
1. Mobilität	0	5
2. Kognitive und Kommunikative Fähigkeiten	18	15
3. Verhaltensweisen und psychische Problemlagen	17	
4. Selbstversorgung	17	20
5. Bewältigung von und selbstständiger Umgang mit krankheits- und therapiebedingten Anforderungen	1	0
6. Gestaltung des Alltagslebens und soziale Kontakte	11	11,25

Alle gewichteten Punkte addiert, würde Frau L. mit 51,25 Punkten in Pflegegrad 3 eingegradet.

Vergleicht man nun Fall von Herrn K. wird schnell klar, dass beide Personen 51,25 Punkte haben und somit Pflegegrad 3. Aber es gibt einfache Pflegegrade 3 und schwierige. Während man Frau L. sicher 24 Stunden gerecht werden und immer ein Auge auf sie haben muss, entfällt das bei Herrn K. Ihm muss man nur auf seine Bitten hin helfen und er schläft die Nacht über ohne Hilfe.

4.6 Stationär: demenzielle Erkrankung, vorwiegend bettlägerig

Herr T. ist 88 Jahre alt. Er kam bereits von zuhause bettlägerig. Er ist nicht orientiert zu Zeit und Situation oder seinen privaten Belangen, sondern in allen Bereichen des täglichen Lebens auf fremde Hilfe angewiesen. Herr T. äußert teilweise Ängste, ruft dann laut nach seiner Ehefrau oder nach »Maria«, wobei man nicht weiß, wer diese Person ist, oder wofür sie steht. Herr T. wird nicht jeden Tag mobilisiert, denn er hat Tage, an denen er sich wehrt und kaum jemanden an sich heranlässt. An anderen Tagen lächelt er auf die Frage, ob er aufstehen möchte und kann in den Pflegerollstuhl gesetzt werden. Die Mahlzeiten muss man ihm mundgerecht bereiten und Getränke eingießen. Meist schafft er es mit etwas gutem Zureden zu essen.

Herr T. trägt einen suprapubischen Dauerkatheter aufgrund eines Prostataadenoms und ist stuhlinkontinent. Herr T. lässt sich nicht gern pflegerisch versorgen, aber ansonsten hat er ein angenehmes Wesen, ist freundlich und zugewandt und macht gerne bei Beschäftigungsangeboten wie Singen mit. Er benötigt dreimal täglich seine Medikamente, ansonsten hat er keinen Behandlungsbedarf. Ein- bis zweimal im Monat braucht er aufgrund von Pergamenthaut mal Hautablederungen an den Unterarmen Schnellpflasterverbänden.

Tab. 73: Die Begutachtung bei Herrn T., Modul 1: Mobilität

Ziffer	Kriterien	selbstständig = 0	überwiegend selbstständig = 1	überwiegend unselbstständig = 2	unselbstständig = 3
1.1	Positionswechsel im Bett		x		
1.2	Halten einer stabilen Sitzposition		x		
1.3	Umsetzen				x
1.4	Fortbewegen innerhalb des Wohnbereichs				x
1.5	Treppensteigen				x

Ergebnis: Mobilität: 11 Punkte, gewichtet: 10 Punkte

Tab. 74: Die Begutachtung bei Herrn T., Modul 2: Kognitive und kommunikative Fähigkeiten

Ziffer	Kriterien	vorhanden/unbeeinträchtigt = 0	größtenteils vorhanden = 1	in geringem Maße vorhanden = 2	nicht vorhanden = 3
2.1	Erkennen von Personen aus dem näheren Umfeld		x		
2.2	Örtliche Orientierung				x
2.3	Zeitliche Orientierung				x
2.4	Erinnern an wesentliche Ereignisse oder Beobachtungen			x	
2.5	Steuern von mehrschrittigen Alltagshandlungen			x	
2.6	Treffen von Entscheidungen im Alltagsleben			x	

Ziffer	Kriterien	vorhanden/unbeeinträchtigt = 0	größtenteils vorhanden = 1	in geringem Maße vorhanden = 2	nicht vorhanden = 3
2.7	Verstehen von Sachverhalten und Informationen			x	
2.8	Erkennen von Risiken und Gefahren			x	

Ergebnis: Kognition: 16 Punkte, Gewichtung muss mit Modul 2 (11,25 Punkte) verglichen werden, sofern die Gewichtung in Modul 3 nicht höher ist.

Tab. 75: Die Begutachtung bei Herrn T., Modul 3: Verhaltensweisen und psychische Problemlagen

Ziffer	Kriterien	nie/selten = 0	1–3x innerhalb von 2 Wochen = 1	2 bis mehrmals wöchentlich = 3	Täglich = 5
3.1	Motorisch geprägte Verhaltensauffälligkeiten	x			
3.2	Nächtliche Unruhe		x		
3.3	Selbstschädigendes und autoaggressives Verhalten	x			
3.4	Beschädigung von Gegenständen	x			
3.5	Physisch aggressives Verhalten gegenüber anderen Personen	x			
3.6	Verbale Aggression	x			
3.7	Andere pflegerelevante vokale Auffälligkeiten			x	
3.8	Abwehr pflegerischer oder anderer unterstützender Maßnahmen		x		
3.9	Wahnvorstellungen		x		
3.10	Ängste			x	

Ziffer	Kriterien	nie/selten = 0	1–3x innerhalb von 2 Wochen = 1	2 bis mehrmals wöchentlich = 3	Täglich = 5
3.11	Antriebslosigkeit bei depressiver Stimmungslage	x			
3.12	Sozial inadäquate Verhaltensweisen		x		
3.13	Sonstige inadäquate Handlungen	x			

Ergebnis: Verhaltensweisen: 10 Punkte, gewichtet: 15 Punkte

Somit findet sich in diesem Modul der höchste Wert und Modul 2 wird nicht berechnet.

Tab. 76: Die Begutachtung bei Herrn T., Modul 4: Selbstversorgung

Ziffer	Kriterien	selbstständig = 0	überwiegend selbstständig = 1	überwiegend unselbstständig = 2	unselbstständig = 3
4.4.1	Waschen des vorderen Oberkörpers				x
4.4.2	Körperpflege im Bereich des Kopfes (Kämmen, Zahnpflege/Prothesenreinigung, Rasieren)				x
4.4.3	Waschen des Intimbereichs				x
4.4.4	Duschen und Baden inkl. Waschen der Haare				x
4.4.5	An- und Auskleiden des Oberkörpers				x
4.4.6	An- und Auskleiden des Unterkörpers				x
4.4.7	Mundgerechtes Zubereiten der Nahrung und Eingießen von Getränken				x
4.4.8	Essen (Punkte mal 3)		x		
4.4.9	Trinken (Punkte mal 2)		x		

Ziffer	Kriterien	selbstständig = 0	überwiegend selbstständig = 1	überwiegend unselbstständig = 2	unselbstständig = 3
4.4.10	Benutzen einer Toilette oder eines Toilettenstuhls (Punkte mal 2)				x
4.4.11	Bewältigen der Folgen einer Harninkontinenz und Umgang mit Dauerkatheter/Urostoma				x
4.4.12	Bewältigen der Folgen einer Stuhlinkontinenz und Umgang mit Stoma entfällt				x

Ergebnis: Selbstversorgung: 39 Punkte, gewichtet: 40 Punkte

Tab. 77: Die Begutachtung bei Herrn T., Modul 5: Umgang mit krankheits-/therapiebedingten Anforderungen und Belastungen

Ziffer	Kriterien in Bezug auf	Entfällt/ Selbstständig	Häufigkeit/Tag	Häufigkeit/ Woche	Häufigkeit/ Monat
5.1	Medikation		3		
5.2	Injektionen (s. c./i. m.)	x			
5.3	Versorgung intravenöser Zugänge (Port)	x			
5.4	Absaugen und Sauerstoffgabe	x			
5.5	Einreibungen, Kälte-/Wärmeanwendungen	x			
5.	Messung und Deutung von Körperzuständen (z. B. BZ, RR etc.)	x			
5.7	Körpernahe Hilfsmittel (z. B. Prothesen, Kompressionsstrümpfe)	x			
Summe der Maßnahmen pro Tag		0	3	0	0

Ergebnis: Drei Maßnahmen aus 5.1–5.7 ergeben 1 Punkt, gewichtet: 5 Punkte

Tab. 78: Die Begutachtung bei Herrn T., Modul 6: Gestaltung des Alltagsleben und soziale Kontakte

Ziffer	Kriterien	selbstständig = 0	überwiegend selbstständig = 1	überwiegend unselbstständig = 2	unselbstständig = 3
6.1	Gestaltung des Tagesablaufs und Anpassung an Veränderungen				x
6.2	Ruhen und Schlafen				x
6.3	Sich beschäftigen				x
6.4	Vornehmen von in die Zukunft gerichteten Planungen				x
6.5	Interaktion mit Personen im direkten Kontakt		x		
6.6	Kontaktpflege zu Personen außerhalb des direkten Umfeldes				x

Ergebnis: Tagesablauf gestalten: 16 Punkte, gewichtet: 15 Punkte

Tab. 79: Die Begutachtung bei Herrn T.: Das Ergebnis der Gewichtung

Module	Erreichte Punkte	Gewichtete Punkte
1. Mobilität	11	10
2. Kognitive und Kommunikative Fähigkeiten	16	15
3. Verhaltensweisen und psychische Problemlagen	10	
4. Selbstversorgung	39	40
5. Bewältigung von und selbstständiger Umgang mit krankheits- und therapiebedingten Anforderungen	1	5
6. Gestaltung des Alltagslebens und soziale Kontakte	16	15

Alle gewichteten Punkte addiert, würde Herr T. mit 85 Punkten in Pflegegrad 4 eingegradet.

4.7 Auswirkungen des BI auf die Pflegedokumentation

Bis 2016 wurde in den meisten Fällen für die Begutachtung von Pflegebedürftigen die klassische Pflegeplanung herangezogen. Denn es galt ja, nur die Körperpflege inklusive Ausscheidung, Ernährung und Mobilität zu berechnen. Dies war über die AEDL ganz einfach zu ermitteln, bzw. für Einrichtungen, die das Strukturmodell nutzten, waren diese vier Bereiche in der SIS® (Strukturierte Informationssammlung) gut abgebildet. Heute müssen wir feststellen, dass die insgesamt 64 Punkte der sechs Module nicht mehr in der Dokumentation abgebildet werden können. Aber das müssen sie auch nicht.

Dokumentationssystem: Ändern oder nicht?
Insofern stellt sich die Frage: Müssen wir unser Dokumentationssystem ändern, weil die Feststellung der Pflegebedürftigkeit sich ändert? Nein! Jeder kann so weiter dokumentieren wie bisher. Wer allerdings schon auf das Strukturmodell umgestellt hat oder dies in absehbarer Zeit tun wird, hat es mit dem Begrifflichkeiten tatsächlich etwas einfacher.

Schlussendlich aber bleibt die Wahl eines geeigneten Pflegedokumentationssystems und dessen Ausgestaltung immer die Entscheidung eines Trägers – unter Hinzuziehung der spezifischen Fachkompetenz von Pflegeleitung und internem Qualitätsmanagement.

Tab. 80: Zuordnung der Module aus dem Begutachtungsinstrument (BI) zu den AEDL

Übersicht: Zuordnung Module aus dem BI zu den AEDL*	
AEDL	**Module aus BI**
1. Kommunizieren	Modul 2 Kognitive und kommunikative Fähigkeiten
	Modul 3 Verhaltensweisen und psychische Problemlagen
2. Sich bewegen	Modul 1 Mobilität
3. Vitale Funktionen des Lebens aufrecht erhalten	Modul 5 Umgang mit krankheits-/therapiebedingten Anforderungen
4. Sich pflegen	Modul 4 Selbstversorgung
5. Essen und trinken	Modul 4 Selbstversorgung
6. Ausscheiden	Modul 4 Selbstversorgung
7. Sich kleiden	Modul 4 Selbstversorgung
8. Ruhen und schlafen	Modul 6 Gestaltung des Alltagslebens und soziale Kontakte
9. Sich beschäftigen	Modul 6 Gestaltung des Alltagslebens und soziale Kontakte
10. Sich als Mann/Frau fühlen und verhalten	Modul 3 Verhaltensweisen und psychische Problemlagen
11. Für eine sichere Umgebung sorgen	Modul 2 Kognitive und kommunikative Fähigkeiten
	Modul 3 Verhaltensweisen und psychische Problemlagen
12. Soziale Bereiche des Lebens sichern	Modul 6 Gestaltung des Alltagslebens und soziale Kontakte
	Modul 7 Außerhäusliche Aktivitäten
13. Mit existenziellen Erfahrungen des Lebens umgehen	Ggf. Modul 2 Kognitive und kommunikative Fähigkeiten und Modul 3 Verhaltensweisen und psychische Problemlagen – wenn Ausprägungen einzelner Items die gesamte eigene Lebenswelt überschatten bzw. beeinflussen.
	Ggf. Modul 5 Umgang mit krankheits-/therapiebedingten Anforderungen – hier Item 5.1 Medikation bei Schmerzproblematik

* Vgl. Kämmer K (2016): Die neue Pflegedokumentation. Schlütersche, Hannover

5 Zahlen und Fakten zur Pflegeversicherung

5.1 Die Pflegeversicherung steht nicht auf solidem Sockel – Ausgaben und Einnahmen

5.1.1 Die Sozialausgaben steigen weiter

Wie der Presse zu entnehmen ist, waren die Sozialausgaben 2015 auf ein Rekordniveau gewachsen. Das Sozialbudget lag bei 888,2 Mrd. Euro und damit 4,5 % höher als im Jahr zuvor.[55] Im Jahr 2019 wurde Billionengrenze erstmals geknackt. Die fünf größten Einzelposten:

1. Rente: 317 Mrd. Euro
2. Krankenversicherung: 264 Mrd. Euro
3. Beamten-Pensionen: 78 Mrd. Euro
4. Kindergeld und Familienausgleichszahlung: 45 Mrd. Euro
5. Pflegeversicherung: 42 Mrd. Euro
6. Lohnfortzahlung 68 Mrd. Euro

Allein das zweite Pflegestärkungsgesetz soll 2017 Mehrausgaben von 202 Mio. Euro bei den Sozialhilfeträgern verursachen, ab 2018 kommen jährlich 184 Mio. Euro hinzu.[56] Immer mehr Pflegebedürftige sind auf Hilfe

---

[55] http://www.welt.de/wirtschaft/article156692986/Sozialausgaben-in-Deutschland-steigen-auf-Rekordhoch.html

[56] http://www.bmg.bund.de/themen/pflege/pflegestaerkungsgesetze/faq-psg-iii.html

zur Pflege angewiesen. So lag die Zahl der Empfänger von Hilfe zur Pflege bei 301.547 Personen im Jahr 2019[57].

5.1.2 Finanzentwicklung

Die Statistik des Bundesgesundheitsministeriums vom Juli 2020 zeigt die Entwicklung der finanziellen Situation der Pflegeversicherung.

Tab. 81: Finanzentwicklung der sozialen Pflegeversicherung. Ist-Ergebnisse ohne Rechnungsabgrenzung*

Bezeichnung	2000	2005	2010	2015	2020
Einnahmen in Mrd. Euro**					
Beitragseinnahmen	16,31	17,38	21,64	30,61	47,98
davon Beiträge für abhängig Beschäftigte	9,10	9,67	12,78	17,75	27,91
Beiträge für freiwillig in der KV Versicherte	3,03	2,47	2,70	4,75	7,45
Beiträge aus Renten	2,85	3,37	4,07	5,38	8,5
Beiträge für versicherte ALG I-Empfänger	0,00	0,54	0,38	0,41	0,73
Beiträge für versicherte ALG II-Empfänger	0,00	0,53	0,65	0,79	1,04
sonstige Beiträge	0,60	0,78	1,06	1,53	2,26
Sonstige Einnahmen	0,23	0,12	0,14	0,08	7,73
Einnahmen insgesamt	16,54	17,49	21,78	30,69	47,98
Ausgaben					
Leistungsausgaben	15,86	16,98	20,43	26,64	45,6
davon Geldleistung	4,18	4,05	4,67	6,46	12,89
Pflegesachleistung	2,23	2,40	2,91	3,70	5,3

[57] https://www.destatis.de/DE/Themen/Gesellschaft-Umwelt/Soziales/Sozialhilfe/Tabellen/t001-kap5-9-hzp-empf-insg-bl-odl-3112.html

Bezeichnung	2000	2005	2010	2015	2020
Verhinderungspflege	0,10	0,19	0,40	0,88	1,63
Tages-/Nachtpflege	0,06	0,08	0,18	0,41	0,74
Zusätzliche ambulante Betreuungs- und Entlastungsleistungen	0,00	0,02	0,28	0,68	2,03
Kurzzeitpflege	0,14	0,21	0,34	0,50	0,61
Soziale Sicherung der Pflegepersonen	1,07	0,90	0,88	0,96	2,72
Hilfsmittel/Wohnumfeldverbesserung	0,36	0,32	0,38	0,76	1,38
Vollstationäre Pflege	7,47	8,52	9,56	10,74	12,98
Vollstationäre Pflege in Behinderten-heimen	0,21	0,23	0,26	0,28	0,42
Stationäre Vergütungszuschläge	0,00	0,00	0,45	1,03	1,46
Pflegeberatung	0,00	0,00	0,07	0,09	0,14
Sonstige Leistungsausgaben	0,04	0,05	0,06	0,14	0,13
Hälfte der Kosten des Medizinischen Dienstes	0,24	0,28	0,30	0,37	3,16
Verwaltungsausgaben***	0,56	0,59	0,71	0,89	0,58
Zuführung zum Pflegevorsorgefonds	0,00	0,00	0,00	1,10	1,41
Sonstige Ausgaben	0,01	0,00	0,00	0,00	1,53
Ausgaben insgesamt	16,67	17,86	21,45	29,01	49,08
Liquidität					
Überschuss der Einnahmen	---	---	0,34	1,68	1,54
Überschuss der Ausgaben	0,13	0,36	---	-----	
Investitionsdarlehen an den Bund	---	---	---	-----	
Mittelbestand am Jahresende	4,82	3,05	5,13	8,31	8,2
in Monatsausgaben lt. Haushaltsplänen der Kassen	3,37	2,01	2,87	3,51	2,16
Nachrichtlich: Mittelbestand Pflege-vorsorgefonds				1,09	9,01

* Abweichungen in den Summen durch Rundungen
** Werte der amtlichen Statistik wurden von DM in € umgerechnet.
*** 1995 einschließlich Vorlaufkostenerstattung an die Krankenkassen

5

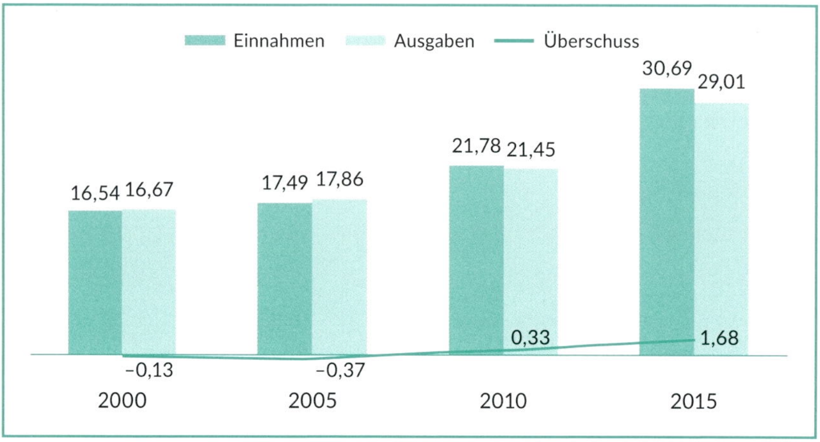

Abb. 3: Finanzübersicht der Pflegeversicherung.

Wie Sie der Tabelle entnehmen können, haben sich die Leistungsausgaben in nur fünf Jahren nahezu verdoppelt. Verdoppelt hat sich auf alle Fälle das ausgezahlte Pflegegeld, verzehnfacht haben sich die Ausgaben für die medizinischen Dienste. Ob dieser Anstieg von Ausgaben weiter durch die Erhöhung der Beiträge aufgefangen werden kann, ist fraglich.

5.2 Die Zahl der Pflegebedürftigen wächst stetig

Die Zahl der Pflegebedürftigen ist heute relativ klar: Es sind rund 4,3 Mio. Menschen. Versucht man Schätzungen in die Zukunft, so variieren die Zahlen jährlich. Das statistische Bundesamt ging 2008 noch davon aus, dass *»2020 … 2,91 Millionen und im Jahr 2030 etwa 3,36 Millionen Pflegebedürftige zu erwarten« sind.* Aber wir haben bereits jetzt (Stand: 31. 12. 2020, aktuellere Zahlen lagen bei Redaktionsschluss nicht vor) 4,3 Mio. pflegebedürftige Menschen. Fast doppelt so viele wie vor sechs Jahren. Die Zahl der Pflegebedürftigen ist in den vergangenen Jahren konsequent gewachsen und wird weiter wachen, Obergrenzen gibt es keine und die Statistiker müssen ihre Tabellen anpassen, ebenso wie die Politiker eine gesicherte Finanzierung. Die jüngsten offiziellen Zahlen zu Schätzungen in die Zukunft stammen von destatis[58]. Hier ist die Rede von 6,1 Mio. Menschen, die im Jahr 2050 auf Hilfe angewiesen sein werden. Angesichts der Entwicklung in den letzten fünf Jahren ist diese Schätzung aus meiner Sicht bereits ad absurdum geführt.

5.3 Die höhere Pflegebedürftigkeit nimmt seit Jahren ab

Die Ausgaben steigen, die Zahl der Pflegebedürftigen steigt. Trotz dieser steigenden Zahlen steigen die höheren Pflegegrade nicht, sie nehmen sogar ab, sowohl ambulant als auch stationär. 5

Tab. 82: Pflegegradentwicklung stationär.

	2017	2018	2019	Tendenz
Pflegegrad 1	0,5	0,6	0,5	+-0
Pflegegrad 2	23,9	22,8	23,2	+
Pflegegrad 3	31	32,8	33,7	+
Pflegegrad 4	28,7	28,7	28	-
Pflegegrad 5	15,9	15,1	14,5	-
Übergeleitete aus Pflegestufen	80,2	63	51,2	-

Was sich stationär schon in der Tabelle deutlich darstellt, ist ambulant noch verschärft, weil dort außer dem Pflegegrad 1 kein anderer Pflegegrad angestiegen ist.

[58] https://de.statista.com/statistik/daten/studie/168254/umfrage/pflegebeduerftige-in-deutschland-seit-2007/

Tab. 83: Pflegegradentwicklung ambulant

	2017	2018	2019	Tendenz
Pflegegrad 1	7,4	11,8	14,11	++
Pflegegrad 2	49,7	47,6	46,5	–
Pflegegrad 3	27,3	26,6	26,5	–
Pflegegrad 4	11,2	10,1	9,4	–
Pflegegrad 5	4,3	3,8	3,4	–
Übergeleitete aus Pflegestufen	65,1	43,8	31,8	–

Wie lässt sich das erklären?

- Sind die heutigen Pflegebedürftigen wirklich fitter als vor 5, 10 oder 15 Jahren?
- Sind die Kriterien zur Einstufung andere?
- Werden Gutachter anders geschult?
- Prüfen Gutachter kritischer?
- Sollen die Ausgaben gedeckelt werden?

Ich habe keine definitive Antwort auf diese Fragen, aber ich bezweifle, dass bei stetiger Verbesserung der Kriterien zur Feststellung der Pflegebedürftigkeit eine gleichzeitige Absenkung der höheren Pflegegrade immer mit rechten Dingen zugeht.

6 Warum das BI nicht nur der Einstufung dient

6.1 Warum das BI nicht nur der Einstufung dient

Die BI-Module 1, 2, 4 und 6 werden für stationäre Einrichtungen künftig nicht nur für die Einstufung benötigt, sondern spielen eine wesentliche Rolle bei der Ermittlung der Qualitätsindikatoren.

Modul 1:

a) Im Modul 1 ist der erste Punkt (1.1. Positionswechsel im Bett) entscheidend für die Risikoadjustierung des QI 4, der Dekubitusentstehung:
   - Geringe Dekubitusgefahr bis 1 Punkt
   - Erhöhte Dekubitusgefahr ab 2 Punkte

b) Modul 1 entscheidet künftig über den QI 1 (Entwicklung der Mobilität)
   - Hat sich der Punktwert gegenüber der letzten Erhebung verringert, ist gleich geblieben oder nicht mehr als 1 Punkt erhöht, dann ist die Selbständigkeit in der Mobilität erhalten worden, was positiv gewertet wird

c) Modul 1 ist ein Ausschlusskriterium für den QI 1 , denn wenn im Modul 1 mehr als 12 Punkte vorliegen, wird nicht weiter nach der Entwicklung der Mobilität geschaut.

Modul 2:

Modul 2 ist kein QI, sondern

a) entscheidet allein über die Risikoadjustierung bei
   - QI 1: Entwicklung der Selbständigkeit in der Mobilität
   - QI 2: Entwicklung der Selbständigkeit bei alltäglichen Verrichtungen (= Selbstversorgung)
   - QI 5: Sturzgeschehen
   - QI 6: Gewichtsverlust

b) Die Anzahl der erreichten Punktwerte in Modul 2 sortiert die Bewohner in zwei Gruppen:
   - Gruppe 1: weniger als 6 Punkte in Modul 2
   - Gruppe 2: 6 und mehr Punkte in Modul 2

c) Der Punktwert > 15 führt zum Ausschluss des Bewohners für den QI 3.

Modul 4:

Modul 4 entscheidet künftig über den QI 2 (Entwicklung der Selbständigkeit bei alltäglichen Verrichtungen):

- Hat sich der Punktwert gegenüber der letzten Erhebung verringert, ist gleich geblieben oder um nicht mehr als 3 Punkte verschlechtert, ist die Selbständigkeit in der alltäglichen Verrichtung erhalten.

Das Modul 4 ist ein Ausschlusskriterium für das QI 2, wenn im Modul 4 der Punktwert von 40 Punkten oder mehr erreicht ist.

Modul 6:

Modul 6 entscheidet künftig über den QI 3 (Entwicklung der Selbständigkeit bei der Alltagsgestaltung).

- Hat sich der Punktwert gegenüber der letzten Erhebung verringert, ist gleich geblieben oder um nicht mehr als 1 Punkt verschlechtert, ist die Selbständigkeit in der Alltagsgestaltung erhalten.

Modul 6 ist ein Ausschluss für den QI 3, wenn in Modul 2 insgesamt 15 oder mehr Punkte erreicht wurden.

Schlusswort

Die Veränderung des Begriffs der Pflegebedürftigkeit kommt einige Jahre zu spät. Z. B. für Menschen, die ihren Alltag unter Mühen noch einigermaßen bewältigen und daher bislang unterhalb der Pflegestufe I blieben. Aber auch für Menschen, die intensiv medizinisch versorgt werden, was bei der Einstufung bislang keine Berücksichtigung fand. Für einige Pflegebedürftige ist das neue Begutachtungsverfahren sogar eine klare Verschlechterung. Für diejenigen nämlich, die wenige behandlungsintensive Maßnahmen benötigen und dennoch aufgrund körperlicher Gebrechen auf Hilfe angewiesen sind.

Wie in jedem System gibt es vermeintliche Gewinner und Verlierer. Selbst wenn man diese starken Worte nicht nutzten möchte, wird klar: Auch das neue Begutachtungsverfahren hat grobe Fehler und benachteiligt dadurch bestimmte Klientel. Dass der Gesetzgeber aber die Leistungen für Menschen mit Demenz vermindert, indem er ausgerechnet für die Anleitung und Beaufsichtigung weniger Punkte gibt als für eine volle Übernahme, kann nur ein Versehen sein, das in der nächsten Reform der Begutachtungs-Richtlinien hoffentlich ausgebügelt wird. Was auch immer kommt, wir stellen uns diesen Anforderungen. Denn nichts ist so sicher wie die Veränderung.

Literatur

König J (2016): Was die PDL wissen muss. 6., akt. Auflage. Schlütersche, Hannover.

König J (2021): Was die PDL wissen muss. 9. akt. Auflage. Schlütersche, Hannover.

MDS (2007). Gemeinsame Verlautbarung der Spitzenverbände der Krankenkassen zur Umsetzung des Gesetzes zur Stärkung des Wettbewerbs in der gesetzlichen Krankenversicherung (GKV-Wettbewerbsstärkungsgesetz – GKV-WSG) im Hilfsmittelbereich. https://www.gkv-spitzenverband.de/media/dokumente/krankenversicherung_1/hilfsmittel/himi_empfehlungen___verlautbarungen/HiMi_Verlautbarung_GKV_WSG_270307.pdf

MDS (2016): Die Selbstständigkeit als Maß der Pflegebedürftigkeit. Das neue Begutachtungsinstrument der sozialen Pflegeversicherung. Essen/Berlin. https://www.mds-ev.de/suchergebnis.html?tx_solr%5Bpage%5D=3&tx_solr%5Bq%5D=Die+Selbst%C3%A4ndigkeit

MDS & GKV (2009): Empfehlungen zur Hilfsmittelbegutachtung bei bestehender Pflegebedürftigkeit und häuslicher Pflege. Essen

MDS & GKV (2021): Richtlinien zum Verfahren der Feststellung von Pflegebedürftigkeit sowie zur pflegefachlichen Konkretisierung der Inhalte des Begutachtungsinstruments nach dem Elften Buch des Sozialgesetzbuches (Begutachtungs-Richtlinien – BRi) vom 15. 04. 2016, geändert durch Beschluss vom 11. 01. 2021. https://www.mds-ev.de/suchergebnis.html?tx_solr%5Bq%5D=Begutachtungsrichtlinien

Register